1891

e

s

Wer als Erwachsener die Heimat verläßt, die Landschaft seiner Kindheit, dem wird sie leuchtend in Erinnerung bleiben. Eine Trennung für immer – durch Krieg und Flucht – wird diese Leuchtkraft noch verstärken.

Dies traumhafte Eden besuchen Lise Gast und die Ihren: endgültig wollen sie ihr Heimweh überwinden. Zu elft – die Älteren alle in Schlesien geboren – fahren sie in drei mit Zeltzubehör vollgepackten Wagen über Prag ins Polnische hinein, ins alte Schlesien. Am Ziel, der Gegend um Waldenburg und Caménz, suchen sie nach fast dreißig Jahren alle vertrauten Stätten auf. Das Wiedersehen ist überwältigend, ein Wechselbad von Freude und Schmerz; und doch ist die kleine Sippschaft meist vergnügt, Grund zum Lachen fehlt ihr selten. Am letzten Tag besteigen sie alle noch die Schneekoppe.

Versöhnlich verläuft die Begegnung mit den Menschen, die heute dort leben und ihre Heimat haben; in das alte großväterliche Haus der Schlesier laden die jetzigen Bewohner sie freundlich und gastfrei ein.

Der Ertrag dieser Reise, so schmerzlich wie tröstlich: Heimat ist unverlierbar; als etwas Ewiges tragen wir sie in uns.

LISE GAST

Heimat hinter Grenzen

Eine Fahrt ins alte Schlesien

Mit Zeichnungen
von Lilo Rasch-Nägele

EUGEN SALZER VERLAG
HEILBRONN

SALZERS VOLKSBÜCHER 187/188

11.–15. Tausend / 1976

Umschlagfoto von Margot Richter:
Blick vom Schloß auf Camenz und Glatzer Bergland
Satz: G. Müller Heilbronn
Druck: Gutmann+Co. Heilbronn
Printed in Germany. ISBN 3 7936 0537 X

Und damit war die Reise beschlossen.
»Am fünften August also«, sagte Ernst, mein Ältester, und steckte abschließend seinen Terminkalender in die Brusttasche. Am fünften August würden wir nach Schlesien fahren, nach Caménz, in die alte Heimat, aus der wir vor neunundzwanzig Jahren fortmußten. Eine Reise in die Vergangenheit.
»Wenn das die Mummi wüßte«, setzte Ernst noch hinzu und lachte hinterhältig. Und da mußten wir alle lachen.
›Die Mummi‹ ist meine Mutter, zur Zeit einundneunzig, aber quicklebendig und ganz ›da‹. »Wenn das die Mummi wüßte« – das wurde bei uns schon immer zitiert, bei allen unvernünftigen, aber schönen Entschlüssen. Etwa wenn wir in eine Baracke zogen, statt gut bürgerlich eine Etagenwohnung in der Stadt zu mieten, wenn wir wieder ein Pferd kauften, statt endlich ordentliche Matratzen anzuschaffen – jedenfalls immer, wenn wir etwas ›Ungezogenes‹ taten. In den Augen der Mummi kommen wir aus dem Alter der Ungezogenheit nie heraus. Was aber sagte sie, als sie *dies* erfuhr?
»Nach Caménz? Kinder, da fahr ich mit!«
Damit hatten wir natürlich nicht gerechnet. Meine Schwester bekam die ehrenvolle Aufgabe, es ihr

auszureden. Sie ist die Jüngste und hat entsprechend Stand bei ihr. Es gelang ihr auch schließlich mit allerlei Diplomatie. Die Mummi hat im ganzen Leben noch nie gezeltet – wir mußten mit Zelten fahren –, sie war nie ›auf Fahrt‹ gewesen, sondern höchstens ›verreist‹. Jetzt aber warf sie alle festgemauerten Grundsätze über Bord und wollte unbedingt mit. Als sie dann endlich die Unmöglichkeit einsah, stellte sie ihren Rückzug so dar, als verzichte sie unsertwegen. Wir ›Kinder‹ sollten mal sehen, wie es wäre, wenn kein Erwachsener dabei ist . . .

Im Vertrauen gesagt: wir fühlten uns alle ein wenig beklommen angesichts dieser Unternehmung, einer wie der andere. Bedenken, wie man mit Paß und Visum klar kommt, ohne polnisch lesen zu können, Sorge, was bei Autoschäden zu unternehmen sei, und Angst vor der Erschütterung. Diese war für mich die größte. Man sehnt sich nicht neunundzwanzig Jahre, ohne eine entzündete Stelle an der Seele zu bekommen; wie weh würde die tun, wenn . . .

Aber ich mußte mit gutem Beispiel vorangehen, ich, nunmehr die Älteste. Daß ich das war, hatte auch wieder Vorteile. Ein paar Jahrzehnte lang war immer ich es gewesen, die bei allen gefährlichen Vorstößen voran ging, Hemmnisse beseitigte und Zuversicht ausstrahlte. Jetzt durfte ich sagen: »Geht ihr voran.« Ein wunderbares Gefühl, neu, aber schön.

Elf Mann in drei Wagen: meine drei ältesten Kinder, die sich noch gut an zu Hause erinnerten – sie waren damals elf, zehn und neun Jahre alt gewesen –; meine viel jüngere Schwester mit Sohn und Schwiegertochter; einer meiner Schwiegersöhne mit Schwester, und schließlich die zwei »Ziegen«, älteste Enkelin mit Base. Herrlich, sich einem solch jungen Abenteuer anschließen zu dürfen! Ich trainierte schon seit Wochen darauf, Fotos von früher anzusehen, ohne mir sofort die Nase putzen zu müssen, Namen auszusprechen, die man jahrelang nicht nannte, Autokarten zu studieren. Wir hatten eine aufgetrieben, auf der der neue polnische Name der Ortschaft groß gedruckt stand und der alte, ›eigentliche‹, klein darunter. Allein der Anblick dieser Karte ließ das Herz zucken. Dabei haben wir alle gesunde Herzen, Gott sei's gedankt. Nur vielleicht nicht ganz vernünftige ... Noch eine Angst verfolgte uns, nämlich die, daß im letzten Augenblick noch etwas dazwischen kommen könnte. Eine schreckliche, wenn auch, wie die Kinder sagten, etwas alberne Angst. ›Welt, geh nicht unter, Himmel, fall nicht ein, eh ich mag bei der Liebsten sein‹, heißt es bei Goethe. Bei der Liebsten? ›Eh ich mag in der Heimat sein.‹ Keine Liebste der Welt kann so ersehnt, so erträumt sein wie eine verlorene Heimat.

Viele warnten uns. »Ihr erlebt doch nur eine Enttäuschung«, hörten wir immer wieder, »*ich* möchte das nicht, *ich* würde nur weinen –«

Wir gelobten uns gegenseitig, *nicht* zu weinen. Oder erst später. Oder alle zusammen. Und so lebten wir auf diese Reise zu, auf keine Warnung hörend, vor Spannung vibrierend, den Tag wild heransehnend und gleichzeitig vor uns herschiebend: wer weiß, ob es überhaupt je kommt...
Es kam. Am Sonntag vor dem Tag aller Tage sammelte sich die Schar der Teilnehmer bei mir. Am Montag in aller Frühe wollten wir starten, vor Eintreffen der Post, ganz, ganz früh, damit nichts mehr dazwischen kommen konnte. Keiner brachte es fertig, die letzte Nacht zu schlafen. Um Mitternacht erreichte uns der Anruf einer vierköpfigen Familie, die sich im Osten abgesetzt hatte und nun Unterkunft suchte. Wunderbar, sie konnten in mein Haus!
»Wir holen euch morgen früh«, versprach Ernst. »Hier ist alles leer für acht Tage!«
Zwei Stunden später bekam meine Schwester derartige Zahnschmerzen, daß wir ohnehin nicht so früh aufbrechen konnten, wie wir geplant hatten. Sie mußte noch einen Sachkundigen aufsuchen, der ihr Luft schaffte, was bekanntlich nicht vor acht Uhr morgens möglich ist. Gottlob war er dann wenigstens da und nicht auf Urlaub, wie gefürchtet, und half. Mittags starteten wir, nachdem die Neuangekommenen eingewiesen worden waren: tut, was ihr wollt, hier ist der Schlüssel, da der Kühlschrank, dort das Bad. Wie gut, daß jemand meine Blumen gießen wird!

Nacheinander rollten wir ab, erster Treffpunkt: Ansbach. Die Wagen waren vollgestopft mit Zelten und Zeltzubehör, Schlafsäcken, Luftmatratzen, Kochgeschirr. Dazu kam das Gepäck mit Dingen persönlichen Bedarfs – das war das wenigste –, und dem, was wir auf den Rat von Sachkundigen mitnahmen, um die jetzige sehr arme Bevölkerung zu erfreuen: Gewürze, Puddingpulver, Strümpfe, Zigaretten. Kaugummi hatten wir im letzten Augenblick vergessen, ich selbst finde ihn widerlich, aber es wäre doch schön gewesen, viel davon austeilen zu können. Denn überall bettelten uns Kinder darum an, sobald wir hielten; so sollten wir es erleben.
Einiges über das Technische einer solchen Reise wußten wir von einer Bekannten, eigentlich Unbekannten, die mit ihrem Mann voriges Jahr in Schlesien war. Sie kennt meine Bücher und schrieb mir eines Tages einen Brief, wie das manche Leser so tun, und dann telefonierten wir öfters miteinander. Von ihr bekamen wir die Adressen von zwei Leuten, die deutsch sprechen; einer Frau bei Neiße und einem pensionierten Lehrer in Krummhübel. Sie sollten dann eine große Hilfe für uns sein.
Diese freundliche Schlesierin hatte uns, ehe wir starteten, einen Kuchen geschickt, einen Bergsteigerkuchen für unseren Riesengebirgstag. Der enthält Unmengen von Rosinen, Mandeln, Nüssen, Schokolade, Feigen und Pflaumen, stellt also eine

Kraftnahrung dar, die uns den Aufstieg auf die Koppe erleichtern sollte. Sie fügte eine Art Gebrauchsanweisung bei: dicke Scheiben schneiden, diese wieder in Quadrate aufteilen, die etwa so groß sind wie Pralinen, und dann beim Essen lange, lange daran kauen. Auch Kaffee hatte die gute Seele beigepackt. Und beides für die Bekannte in Ottmachau noch einmal, mit einem Brief dazu. Wir waren gerührt und verstauten alles sorgfältig. Was zog man an? Mit einer Vernunft, die, wie die Kinder sagten, meine Jahre überstieg, verzichtete ich auf die uralte Windjacke, die dreißig Jahre mit mir durchhielt, und kleidete mich zivil. Denn auch dieses geliebte Kleidungsstück von früher würde mir ja nicht die Jugend zurückgeben, was ich mir übrigens gar nicht wünschte; ich bin gern alt. Pullover also und Anorak; auch der Rübezahl wird sich sicher inzwischen zeitgemäß kleiden.

In Ansbach trafen wir uns wieder, bummelten durch die Stadt und futterten heiße Wurst auf dem Trödelmarkt. Gudrun, die Schwiegertochter meiner Schwester, jungverheiratet und lachlustig, fing an, billig einzukaufen – Töpfe und andere Haushaltungsgegenstände. Wir verhinderten mit viel Wortaufwand, daß sie die vollbeladenen Wagen noch voller lud. Wir mußten ja weiter.

In Waidhaus, kurz vor der Grenze zur Tschechoslowakei, versammelten wir uns wieder, diesmal in einem alten, gemütlichen Lokal, das ein ausgezeichnetes Bier ausschenkt. Wir fingen vergnügt an

zu trinken und hörten nicht oder nur mit halbem Ohr auf die mahnende Stimme des Reiseführers, der an das Suchen eines Zeltplatzes erinnerte. Meine Schwester samt Angehörigen wollten noch einmal in einem Bett schlafen, sie waren also aller Sorgen ledig. Wir aber –
Die freundliche Wirtin, die uns beobachtete und nicht recht wußte, sind wir ein Verein, eine Expedition oder eine Großfamilie, bot uns schließlich an, in ihrem Hof zu zelten. Das war ein Wink des Himmels. Vergnügt bauten wir unsere luftigen Häuschen auf ... Die jungen Leute, geschickt und erfahren, schoben mich freundlich beiseite: »Davon verstehst du nichts!« Dabei habe ich schon gezeltet, als noch keins von ihnen das Licht der Welt erblickt hatte! Ich sagte aber nichts und ließ mir alles gern gefallen. Diese Reise war für mich, wie ich schon erwähnte, ein neues Kapitel in meinem Leben. Endlich durfte ich mit gutem Gewissen sagen: schlagt ihr vor, ich ziehe nach. Wir saßen später noch lange am bundesdeutschen Wirtshaustisch, aßen, tranken, rauchten und waren in Hochstimmung. Der Anfang war gemacht.

Wir waren bisher noch nicht vollzählig beisammen. Meine älteste Tochter hatte ihren Urlaub, wie eigentlich jedes Jahr, in den USA verbracht, war mit dem Schlauchboot den Colorado hinabgefahren und dann zehn Tage im Gebirge geritten. An diesem Tag wollte sie bis Frankfurt fliegen und von dort direkt nach Prag, um zu uns zu stoßen. Die Zeit war knapp bemessen, es konnte sein, daß wir sie verpaßten. Das machte das Ganze noch spannender.

Am nächsten Tag starteten wir zeitig, denn wir hatten noch einen Umweg vor. Mein Mann, der Vater unserer acht Kinder, starb vor neunundzwanzig Jahren in einem russischen Gefangenenlager in der heutigen Tschechoslowakei. Sein Grab wollten wir suchen oder wenigstens den Friedhof. Margot, meine älteste, eben jene, die wir in Prag zu treffen hofften, hatte ihn schon einmal besucht; sie hätte uns führen können, wäre sie schon jetzt bei uns gewesen. Den Ort wußten wir: Pacov. Wir rollten los, passierten die erste Grenze. Papiere in Ordnung. Weiter. Gen Osten, gen Osten!

Von jetzt an fuhren wir immer so, daß wir einander in Sichtweite behielten, also im Convoi. Landschaftlich ist es hier schön, vor allem durch die vielen Seen, die wir passierten. Die Straßen sind gut, nur reichlich schmal. Wir wuschen uns an einem See, lachten viel, futterten auch, wie wir die ganze Reise lang futtern würden, dauernd hungrig, dauernd kaffeedurstig. Ernst, mein Ältester, fing an zu filmen, machte auch Dias und Schwarzweiß-Bilder, diese fürs Familienarchiv. Überhaupt klickten alle Apparate, kein Verbot hinderte, nur ich ›sah es mir dort an‹, ich habe kein Geschick zum Fotografieren.

Prag kannte ich noch nicht, hatte nur früher einmal

in dem Film ›Die goldene Stadt‹ einen Hauch davon verspürt, wie einmalig schön es sein muß. Mein Mann hatte sich immer gewünscht, es zu sehen, daher durfte ich, gleichsam in seiner Vertretung, darauf bestehen, daß wir es kennenlernten. Vorher aber ging es nach Pacov. Wir erreichten die kleine Stadt programmgemäß und standen auf dem schiefen Marktplatz mit der großen Kirche an der oberen Seite. Hier hat unser Vater die Wochen und Tage vor seinem Tode verbracht; diese Landschaft war also die letzte, die er in sich aufnahm: das Land zwischen Sachsen und Schlesien.
Ernst meinte, wir sollten beim Bürgermeister nach dem Friedhof fragen. Der aber war nicht da; es war inzwischen drei Uhr nachmittags geworden. Wir suchten den Pfarrer auf – auch der nicht da. Wir fragten bei der Miliz, die überall herumstand in erdfarbenen Uniformen. Doch auch das führte nicht weiter. Sie verstand uns nicht. Es ist ein merkwürdiges Gefühl, in einem Land zu sein, in dem man sich nicht, wie sonst eigentlich überall, mit englisch helfen kann.
Schließlich sprach ich einen grauhaarigen Taxifahrer an. Alte Leute verstehen vielleicht noch deutsch, dachte ich. Und wirklich, er verstand. Er wußte auch den Friedhof, reagierte mit großer, herzerwärmender Freundlichkeit. Er hatte auch die zwei Lager gekannt. Ich reichte ihm Stift und Papier. Er entwarf eine Skizze von der Lage des Friedhofs – so nahe war der, mein Gott!

Wir fanden den Friedhof ohne weitere Schwierigkeit. Margot hatte ihn vor ein paar Jahren stundenlang gesucht, von zwei tschechischen Soldaten unterstützt. Sie wollte verzagen, aber die beiden jungen Männer gaben nicht auf. »Du Grab von Vater finden!« Sie fanden es nicht, wohl aber den Friedhof. Und wir also auch.
Es ist ein kleiner, bescheidener Friedhof, mitten im Hochwald gelegen. Ein zerbrochener Scherengitterzaun ringsherum. Sechs Reihen halb eingesunkener Gräber, überwachsen, nicht numeriert. Die Grabnummer wußte ich; doch das half nun nichts mehr. Ein einziges Grab gepflegt, mit Blumen bepflanzt, mit einem Holzkreuz versehen. Wir lasen Namen und Daten. Der Junge war neunzehn Jahre alt gewesen, mein Mann siebenundvierzig.
Wir empfanden es als großen Trost, daß der Friedhof nicht überhaupt schon eingeebnet ist. Er liegt so schön im Wald, so wahrhaft friedlich, so sanft in Grün gebettet. Wir fanden noch Reste von alten, zerfallenden Holzschildern, aufeinandergehäuft, zerbrochen. Ich nahm ein winziges Bäumchen mit, das am Rand irgendeines Grabes wuchs, um es zu Hause einzupflanzen. In einer Plastiktüte, immer mit frischem Wasser versehen, hat es die Reise zu meiner Freude überstanden. Von welchem Grab es stammt? Nie werden wir es wissen. Ich mußte an die Geschichte denken, die wir als Kinder, preußisch erzogen, in der Schule gelernt haben: Nach einer Schlacht suchte Friedrich der Große in

einer Kirche, die als Lazarett diente, unter den Verwundeten nach einem Bekannten, von Wedell. Er fragte sich so durch die Reihen. »Wedell? Majestät, hier liegen lauter Wedells!« rief ihm ein Soldat zu, der, halb aufgestützt, seinen König beobachtet hatte. Auch hier lagen lauter Wedells, jeder von ihnen geliebt und beweint.

Wir blieben lange und trennten uns schwer. Vom Friedhof soll man mit klingendem Spiel heimziehen, ein guter Brauch. Wir nahmen die Mundharmonika und sangen dazu. Singen hilft, das wissen wir. Geweint habe ich später.

Nun ging es auf Prag zu. Was zieht einem da alles durch den Sinn, wenn man schon älter ist und auf eine längere Zeit zurückblicken kann! Prag – schon immer stand diese uralte, geschichtsträchtige Stadt am Horizont unseres Daseins, und doch waren wir nie dorthin gelangt. Als wir noch klein waren, war diese Stadt für uns Grenzländer unerreichbar. Als sie später deutsch wurde, waren die Zeiten nicht danach angetan, Bildungsreisen zu unternehmen und Städte zu besichtigen . . . Heute nun war Prag längst wieder Ausland, und endlich sollte ich es sehen dürfen.

Wie überwältigend anders war der Eindruck der Stadt selbst im Vergleich mit allem, was man an Büchern, Fotos und Bildbänden davon kannte! Da war sie also selbst, die ehrwürdige Stadt, durch die man sich bewegte wie in einem Traum. Da war sie, die alte Stadt mit ihren schmalen, krummen Gassen, mit den breiten Straßen, den Plätzen, mit all den barocken und nachbarocken Palais, schlichten wie überladenen; mit ihren Boutiquen, Kramläden, eleganten Geschäften und Hotels, mit all ihren Kirchen, Alleen, Gärten, Parks, mit ihrem Strom und den vielen Brücken samt Heiligen! War es denn noch das alte Prag – war es unsere Phantasie, die es uns so vor die Augen zauberte, oder war es die moderne, nüchterne Wirklichkeit? Über allem thronte der Hradschin, wenn die Sicht ihn einmal freigab unten im Gewühl der Straßen.

Wie verwirrend ist das alles zunächst, wenn die Eindrücke sich überstürzen, und wie deutlich doch eigentlich die Sprache der vorbeigezogenen Jahrhunderte, wenn man in all den alten Bauten und ihren Fassaden zu lesen versteht!

Wir hatten diesmal zu meinem Kummer nur wenig Zeit, dies alles zur Genüge in uns aufzunehmen. Lange durften wir uns nicht aufhalten, und so reichte es nur zu einem ersten, sehr allgemeinen, wenn auch intensiven Erfassen des Stadtbildes und der Atmosphäre.

Es war Abend geworden, und so mußten wir uns daran machen, nach unserem offiziellen Zeltplatz Ausschau zu halten. Er war schwer zu finden, doch schließlich erbot sich ein freundlicher Einheimischer, voranzufahren und uns um tausend Ecken und Kurven zu lotsen. Wieder eine menschliche Geste, die uns sehr wohl tat.

Der Campingplatz war überfüllt, natürlich, es war

ja jetzt Reisezeit. Kein Gedanke, dort bleiben zu können. Wir drehten um und faßten den Entschluß, ›wild‹ zu zelten, obwohl es verboten ist. Damals ahnten wir noch nicht, daß das Wildzelten auf dieser Reise unser Schicksal werden sollte, nicht nur in der Tschechoslowakei, sondern auch in unserem alten Heimatland. Wir fuhren, als es dunkelte, erst einmal wieder aus Prag hinaus. Wir ließen die Stadt weit hinter uns, kurvten umher, suchten, fanden nichts. Einmal wollten wir in unserer Verzweiflung mitten auf dem Marktplatz eines Dorfes bleiben, dort gab es wenigstens Trinkwasser; einmal nahe an einem ›einsamen Gehöft‹ – es stellte sich später als Miliz-Unterkunft heraus. Den Abend wußten wir noch nicht, daß es recht verdächtig ausgesehen hätte, wenn wir dort geblieben wären. Es gibt mißtrauische Leute, die harmlose Heimwehtouristen leicht für Spione halten.
Dieter, mein Schwiegersohn, fand schließlich in tiefer Dunkelheit einen Platz, der selbst im hellen Sonnenlicht gefunden nicht schöner hätter sein können: nahe an Bäumen, die Sichtschutz boten, daneben ein Weiher, an dem man sich früh waschen konnte. Wir bauten eine Wagenburg und richteten im abgeblendeten Licht unsere Leinwandhäuschen auf. Immer hat Zeltaufbauen etwas von Heimatfinden.
Es gab einen ›Ziegenstall‹, in dem die ewig mekkernden und übermütigen jungen Damen unter dem Schutz des Reiseführers schliefen, der zwar

komisch seufzte, wie schwer er es hätte, aber doch seinen Spaß an dem jungen Gelichter hatte, – und ein ›Blumenhäuschen‹. Darin schliefen diejenigen, die behaupteten, Neurosen oder doch Neuröslein zu besitzen, heutzutage eine wichtige und ernstzunehmende Sache. Und schließlich war da noch das ›Schnarcherzelt‹, unter dessen Dach auch ich untergebracht war. Ich hatte die Freude, Seite an Seite mit meinem imponierenden und bewunderten Schwiegersohn zu röcheln. Schnarcher stören sich ja gottlob gegenseitig nicht. Dort fühlte ich mich beschützt, geehrt und befriedet. Selten habe ich so gut geschlafen wie auf dieser Reise.

Der Morgen lachte uns an. Rosel, die Schwester meines Schwiegersohns, hockte vor einem kleinen Kocher, auf dem das Kaffeekesselchen stand, und es roch wunderbar bitter und gut. An frühes Aufstehen gewöhnt, brauchte ich, ähnlich den Nordländern, bei denen der Kaffeekessel eine Riesenrolle spielt, viel Kaffee. Ach, und wie unvergleichlich schmeckt er, wenn man, im Schlafanzug, barfuß im nassen Gras steht und die andern aus den Zelten kriechen sieht, den einen schimpfend, weil er nachts von der Luftmatratze gerollt ist, den andern selbstgefällig grunzend, weil herrlich ausgeschlafen, den dritten stöhnend, ehe er einen Traum von besonderer Scheußlichkeit erzählt. Die Ziegen wie üblich meckernd; sie legten sich auf der Reise eine Ausdrucksfähigkeit im ›Meck-meck‹ zu, die an eine neue Sprache grenzt. Und wieviel gibt es zu lachen mit solch einer Bande!

Der Flugplatz einer unbekannten Stadt müßte leicht zu finden sein: dort, wo die Riesenvögel aufsteigen und sich niederlassen. Wie erreicht man aber die Straße, die einen dorthin bringt? Was heißt Flughafen auf Tschechisch? Gudrun fand es heraus: ›Letiště‹. Wir hatten dies für den Namen eines Dorfes gehalten, zumal kein Zeichen dabei stand. Um zehn Uhr wollten wir uns mit Margot treffen. Als wir zehn Minuten nach zehn am Eingang des Flughafenhotels entlangrollten, spazierte sie bereits daher, vergnügt nach uns ausspähend. Sie hatte eine frühere Maschine ergattert, die einen Tag eher startete, und in Prag ein Bett und ein Bad erobert. Wohlgemut und ausgeruht kam sie uns entgegen, frisch aus den USA importiert. Ich dachte wieder einmal daran, wie wir vor gar nicht langer Zeit – was ist schon ein Menschenalter! – mit ihr und den anderen auf den Feldern Ähren gelesen und Kartoffeln nachgestoppelt hatten. Wer uns damals gesagt hätte, was uns in späterer Zeit erwartete ...

Zu solchen Erinnerungen aber war jetzt keine Zeit. Nach einer stürmischen Begrüßung ging es der Innenstadt zu, wieder schön in Sichtweite, damit wir einander nicht verloren, nun, da wir uns gefunden hatten. Margot kennt sich in Prag aus, wie wir schon hörten, und sie dirigierte uns.

Der Himmel lachte, die Sonne schien, und mächtig

zog es uns zum Hradschin hinauf. Wir ließen also die Wagen stehen und erstiegen die Höhe mit dem Veitsdom zu Fuß. Der ihn baute, Peter Parler, ist uns kein Fremder; er hat in unserer jetzigen schwäbischen Kreisstadt eine unvergleichlich schöne Kirche geschaffen, gleichsam als Vorübung für Prag. Alles bei uns heißt nach ihm, die Kinder gehen ins Parlergymnasium. Wie eigenartig, wie wunderbar! Wir schauten von oben über die Stadt, in die verschlungenen Gassen hinein, sahen die schiefen Dächer, die Moldau, suchten den Wallensteinpalast mit den Augen. Was alles hatte sich hier abgespielt! Gudrun, die Geschichte studiert hat, gab Auskunft. Ich dachte an den Golem, der mir als Kind solch wohliges Grauen verursachte. Hier ist er umhergetappt, mit den schiefen Augen im Lehmgesicht, ein Schrecken für die, die ihm begegneten, alle dreiunddreißig Jahre. Was hat diese düstere Sage vorausgeahnt von unserer Zeit ...
Den Kindern war die Gasse der Goldmacherhäuschen natürlich wichtiger als die wunderbare Kirche. Auch wir Erwachsenen entzückten uns daran. Wir wanderten von einem Haus zum andern, bückten uns, um hineinzugucken, bewunderten die winzigen Gärtchen davor, einen halben Quadratmeter groß, mit Sonnenblumen darin. Das hucklige Pflaster tat den Füßen weh, ringsum schoben sich Touristen und klickten mit ihren schwarzen Zauberkästchen, Modernstes in alter Umgebung. Die Welt ist ein Bilderbuch, und wer daheim bleibt, sieht nur

eine Seite. Wir begannen wenigstens zu ahnen, wieviele Seiten es haben mag.

Und dann die Brücke! Johann von Nepomuk, du auf der Prager Bruck – wir haben es schon gesungen, als wir noch nicht wußten, wo Prag liegt. Jetzt standen wir selbst auf der Brücke. Ein Heiliger neben dem andern – ich suchte natürlich auch den Christopherus, meinen Lieblingsheiligen. Er stand dem Nepomuk gegenüber. Nicht weit davon Antonius, der gut ist für Verlorenes. Den würden wir am letzten Tag unserer Reise sehr heftig anrufen, obwohl wir alle von der ›andern Fakultät‹ sind. Aber wir stammen aus einem alten katholischen Land, und von den uns erwartenden Nöten ahnten wir auf der Prager Bruck noch nichts. Vergnügt und lachlustig schlenderten wir über die Moldau, die Stimmung stand auf Ferienbeginn. Einen der Heiligen bezeichnete Ernst als Papst Omo den ersten, weil er, im Gegensatz zu seinen altersgeschwärzten Kollegen, so weiß war. Die Ziegen meckerten anerkennend. Hoffentlich ist Papst Omo nicht das einzige von Prag, was ihnen im Gedächtnis blieb.

Schließlich mußten wir uns von der Moldaustadt trennen. Wir fuhren an diesem Tag bis zur Grenze. Drüben, einen Steinwurf weit, lag die Grafschaft Glatz, lag Schlesien. Nicht zu fassen, nicht für wahr zu halten! Daß wir in dieser Nacht schliefen, ist unerklärlich wie vieles auf dieser Reise.

»Na, willst du einen Menz-Kaffee?«
So weckte mich Ernst. Caménz, Betonung auf der zweiten Silbe, ist unser Heimatort, Heimat unserer Herzen, wenn wir auch früher nicht ständig dort gewohnt haben. Bei unserer ungewöhnlich schnellen und meist auch zu lauten Sprechweise, die sich zum Teil aus der großen Familie erklären läßt, in der man nur schwer zu Worte kommt, wird die erste Silbe manchmal halb verschluckt, und die Kleinen wuchsen mit »Menz-fahren!«, »Menz-sehen!«, »Menz-sein!« auf. Ich wurde also an diesem denkwürdigen Tage mit einem Menz-Kaffee geweckt, was ich sehr genoß.
Wir überquerten die Grenze bei Nachod und fuhren den Bergen zu. Von den Bädern Kudowa und Reinerz sahen wir nichts; es gibt auch hier Umgehungsstraßen. Dann kam Glatz.
Glatz möchte ich am liebsten vergessen, aus dem Gedächtnis ausradieren, nie gesehen haben. Der Anblick warf uns um. Welch schöne alte Stadt war es einst gewesen, und was ist jetzt daraus geworden! Die Häuser verfallen, die Straßen schmutzig; zerlumpte und arme Kinder standen, sobald wir hielten, bettelnd ums Auto, wie vielfach in den südlichen Ländern.
Wir gaben, was wir hatten: Bonbons, Schokolade, Keks. Wie glücklich hätten wir sie mit Kaugummi machen können! Die Geste, die den Wunsch nach Zigaretten zum Ausdruck bringt, kannten wir aus Italien, vor allem Neapel.

Wir fuhren so schnell wie möglich weiter. Nur weg, weg, keiner von uns wollte es mehr ertragen. Wenn alles, was uns erwartete, so aussehen würde – o je! Waren wir dazu hergekommen?
Viele hatten uns, wie gesagt, vor dieser Reise gewarnt. »Ihr werdet enttäuscht sein!« »Behaltet doch alles lieber im Gedächtnis, wie es war!« »Man wird euch bestehlen!« »*Ich* möchte es ja nicht, *ich* würde vermutlich heulen ...«
Wir heulten nicht. Wir fuhren weiter, bitterlich betrübt und tief verstört. Was würde Wartha uns bringen? Wartha liegt am Weg, und wir haben es oft besucht, als Kinder, als Halbwüchsige und später als Erwachsene, und wiederum mit unsern Kindern, obwohl wir evangelisch sind und Wartha ein katholischer Wallfahrtsort. Wir liebten es eben, und jetzt war es uns eine Vorstufe für Camenz.
Es gibt noch Wunder. Wir kamen an, und es war, als wären dreißig Jahre nicht gewesen. Freilich, gepflegt waren auch hier Häuser und Straßen nicht sehr, aber sie verfielen doch nicht. Es gab Läden und Wirtschaften, anheimelnde, altertümliche Pferdefuhrwerke und sogar ein paar Autos. Es gab freundliche Menschen und Kinder, die nicht bettelten, und die Neiße rauschte unter der Brücke wie damals. Seit der Enttäuschung in Glatz hatte ich mein Herz ganz scharf an die Kandare genommen und konnte diesen Griff hier lockern. Die Kirche stand noch, groß, dominierend, ganz unverändert. Langsam fuhren wir über die Brücke mit den run-

den Bögen, die Straße mit dem huckligen Pflaster hinauf. Oben stellten wir die Autos ab und gingen, wie auf Verabredung schweigend, in die Kirche. Wer kennt noch Schlesiens Barock? Selbst die neuerdings aus unerfindlichen Gründen in der Mitte des Längsschiffes aufgehängten, bandschmalen, vielfarbigen Fahnen störten nicht, man brachte es fertig, sie sich wegzudenken. Die Orgel mit ihrem reichgeschnitzten Gehäuse gehörte eigentlich nach Camenz, zu dem dortigen Hochaltar. Schon als Kinder waren wir sehr betrübt darüber, daß sie nicht bei uns stand, wo sie hingehörte. Denn in Camenz sollte für uns alles, alles vollkommen sein. Die beiden Gotteshäuser ähneln sich, sind beide hoch, hell und von heiterer Klarheit.

Ich stahl mich in den Votivsaal hinüber. Dort hingen unzählige Bilder, die von wunderbarer Errettung aus den verschiedensten Nöten berichteten. Ich suchte nach einem, das mir als Kind das wichtigste war: ein Bauer hatte mitsamt der Egge einen schrecklichen Sturz – im freien Fall einen Hang hinab – überlebt, weil er die wundertätige Muttergottes von Wartha angerufen hatte. Zum Dank stiftete er das Bild. Man sah ihn in der Luft, das Pferd, das die Egge zog, während des Sturzes merkwürdig zusammengerollt. Ohne je zu einem Ergebnis zu gelangen, grübelte ich immer wieder von neuem darüber, ob wohl auch das Pferd gerettet worden sei. Schon als Kind liebte ich Pferde mehr als alle anderen Tiere.

Dieses hübsche Votivbild fand ich jedoch nicht mehr, man hatte es wohl längst entfernt. Ich war darüber recht betrübt; ich hätte es so gern meiner ältesten Enkelin gezeigt, die auch eine große Pferdeliebhaberin ist. Doch andere fand ich noch an ihrem Platz: die schmerzensreiche Muttergottes und die schwarze Muttergottes aus Tschenstochau, die daheim über dem Bett meiner kleinen Schwester hing und von ihr in Verkennung der hohen Verwandtschaft »meine liebe Fiegermutter« genannt wurde, sowie die Krücken Genesener, denen eine Wallfahrt nach Wartha geholfen hatte. Was aber fehlte, war eine damals schon vergilbte Fotografie in Postkartenformat, die ich als Kind immer wieder betrachtete: acht Männer in grauer Uniform, nebeneinander aufgereiht; darunter eine Krakelschrift, mit Stahlfeder und Tinte geschrieben, die Schrift einer Mutter:

Zum Dank für die wunderbare Beschirmung
und Errettung und glückhafte Heimkehr
meiner acht Söhne aus Krieg
und russischer Gefangenschaft, 1914–1920.

Acht Söhne – ich weiß noch, wie ich vor dem Bild stand und mir auszumalen versuchte, was im Herzen einer solchen Mutter während der Kriegsjahre vorgegangen sein mag.

Es war einmal. Ich bin wieder Kind: Zöpfe, Dirndlkleid, das ich hasse, Sandalen. »Die Schuhe zieht ihr aber auf dem steinigen Stationsweg aus, sonst gehen sie zu schnell kaputt!« sagt die Mutter. Schuhebesohlen kostet Millionen; der Dollar steigt, alles andere sinkt von Stufe zu Stufe. Uns ficht das nicht an. Wir laufen gern barfuß, kümmern uns um keine Politik und genießen die großen Ferien. ›Sommer gab es nur in Schlesien‹, heißt eine Novelle, die ich viele Jahre später las. Es ist Sommer, und wir rennen durch Wartha, zur ›mechanischen Geburt‹.

»Wir wollen rein, bitte bitte, wir wollen sie sehen!« quälen wir die Eltern.

Am Fuß des Berges, dort, wo in Wartha der Leidensweg Christi mit den bunten Bildern in halber Naturgröße anfängt, Stationsweg genannt, steht rechts ein kleines Haus. ›Hier ist zu sehen die mechanische Geburt unseres Herrn und Heilands‹ – schon damals fanden wir das Schild wundervoll. Und nun dürfen wir hinein. Lieber sparen wir die Rückfahrt mit der Eisenbahn und laufen nach einem Tag Bergwanderung noch neun Kilometer Chaussee zu Fuß, als daß wir die ›mechanische Geburt‹ nicht sehen. Und unsere Eltern sind ganz unserer Meinung.

Wir zahlen. Dann stehen wir und staunen das Meisterwerk an, die zimmergroße ›Geburt‹, wie man in Schlesien die Krippe nennt, mit Stall und Christkind und Ochs und Esel und unzähligen Engeln, mit Hirten und Schafen und den drei Königen samt Elefanten und Kamelen, mit den kleinen Ju-

den im großen Bethlehem, die ihre Weihnachtsstriezel zum Bäcker tragen, mit bunten Omnibussen, die, herrlich anachronistisch, durch die Straßen fahren, mit Christbäumen und Fahnen und Treppen und Moos, und alle Figuren bewegen sich – natürlich nur, wenn man ordnungsgemäß seinen Eintritt entrichtet hat. Damals, zur Zeit unserer Jugend, wurde das Werk bereits elektrisch betrieben, worauf die Besitzer berechtigterweise sehr stolz waren und was sie immer betonten. Früher nämlich ging ein Drahtseil von der ›Geburt‹ aus zum Stall hinüber und lief dort über eine hoch oben angebrachte Rolle. Diese wurde gezogen von einem riesenhaften und schweren Stein, der sich langsam senkte und damit alles in Bethlehem und Umgebung mit Leben erfüllte. Diese ebenso rührende wie primitive Technik war also damals schon überholt. Doch die Technik rührt uns Kinder wenig. Wir bewundern alles so, wie es ist. Dazu spielt eine winzige Spieluhr ein wenig zögernd ›Stille Nacht, heilige Nacht‹ – im sommerwarmen August, in den großen Ferien, wenn wir nach Wartha wandern.

Wir stehen und besehen die Herrlichkeit, machen uns gegenseitig auf diese oder jene Figur aufmerksam, die dazu gekommen ist – bei einer richtigen ›Geburt‹ wird ja jedes Jahr etwas Neugebasteltes dazugestellt –, und sind glücklich. Eine kleine Weihnachtssehnsucht geht bei einem richtigen Schlesier durchs ganze Jahr mit: von Lichtmeß, dem zweiten Februar an, an dem die ›Geburt eingerissen‹ wird, wie man sagt, wo die Mutter noch einmal Streuselkuchen backt, damit die Kinder nicht allzu traurig sind, über Ostern und Pfingsten hin bis zu den ersten, geheimnisvollen, nebligen Herbsttagen, an denen man wieder an die kommende Herrlichkeit denken darf, ein klein wenig vorerst nur, aber doch schon in greifbaren Formen: man muß ja nun Moos aus dem Wald holen für die ›Geburt‹ und Tannengrün. Nun dauert es nur noch wenige Wochen, nun ist es eine absehbare Zeitspanne, bis die Krippe wieder vom Boden geholt, jede einzelne Figur zärtlich aus dem umhüllenden Seidenpapier genommen, angeschaut und aufgestellt wird. Jedes Haus in Schlesien besitzt eine Krippe; natürlich nicht jedes eine so herrliche wie die mechanische, aber doch eine, die man liebt und pflegt und vervollständigt, und auf die man sehnsüchtig wartet, »bis daß der Herr wiederkommt«. Gnadenvoll und heilig ist die Zeit ...

Tief aufseufzend und zufrieden verlassen wir das kleine Haus und beginnen zu steigen, die Sandalen in der Hand. Der Stationsweg ist steil, rechts plätschert ein Bach herab, überall hängen Himbeeren, duftend und von Sommersüße tropfend.

»Aber nicht stehenbleiben!« mahnt die Mutter, die genau weiß: wenn wir erst in die Himbeeren geraten, ist es aus mit dem Vorwärtskommen. Es ist heiß, die Erwachsenen schnaufen.

»Redet nicht so viel, ihr habt sonst keine Luft zum Steigen!« sagt der Vater, woraufhin mein Bruder

anfängt zu pfeifen – Gott weiß, woher er die Luft nimmt!
Das Wallfahrtskirchlein auf dem Gipfel ist klein, eine Kapelle fast, wird aber von uns heiß geliebt. Erst laufen wir zum Fußabdruck – da ist er, jawohl! Hier ist jemandem irgendwann einmal die Muttergottes erschienen, ihr kleiner Fußabdruck blieb auf dem Felsen zurück, und damit er nicht vergessen wird, hat man einen groben Eisenrost darüber befestigt. Er sieht etwas unpoetisch aus, wie ein Fußabtreter ...
In der kleinen Bude neben der Kirche kann man Kerzen und Wachsfiguren kaufen, um sie zu opfern. Das zog auch uns nichtkatholische Kinder immer wieder in seinen magischen Bann.
»Sei so gut, opfere ein Bein für mich, weil ich so schlecht laufen kann«, hatte mich Großmutter ganz ernsthaft gebeten. Ich führe ihren Auftrag gewissenhaft aus, kaufe eine der hohlen, nicht mehr ganz sauberen, weil schon so oft geopferten Gliedmaßen und lege sie klopfenden Herzens auf den Altar, an dem Wachskerzen der verschiedensten Dicke und Länge brennen und vertropfen, ein geheimnisvoll-tröstliches, goldenes Licht verbreitend. Ob es etwas geholfen hat? Na – ein Langstreckenläufer ist Großmutter nie mehr geworden!
Später, als ich in das Alter der Herzverwirrungen kam, habe ich gläubig manches Wachsherz geopfert, und noch später einmal eines jener Wachskindlein, weil ich, ein Vierteljahr verheiratet, ›immer noch‹

kein Baby erwartete. Die wundertätige Muttergottes von Wartha muß wohl ein wenig gelächelt haben, als sie diesen meinen Wunsch mit ihrer Fürbitte an Gottvater weiterleitete.
Wir wandern weiter, dem Königshainer Spitzberg zu. Jetzt gibt es keine Kletterei mehr, wir folgen einer Art Kammweg. Dabei wird gesungen. Manchmal ist auch ein junger Mann dabei, der seit eh und je zur Familie gehört. Er ist Student, zehn Jahre älter als ich; er kennt alle Lieder, die ich von Wandervogelfahrten mit heimbringe, und noch viele andere dazu. Bisweilen trägt er meine kleine Schwester auf den Schultern, wenn sie müde geworden ist. Dann beneide ich sie heimlich. Nie sagt er ein Wort, daß er meinetwegen kommt, nie würde ich ihn fragen. Und wenn wir das alte Volkslied singen mit der heimlichen Liebe, von der niemand nichts weiß, dann sehen wir beide angestrengt nach vorn und nie, niemals einander an. Aber das erste Stenglein Heidekraut, das er für mich pflückt, erstaunt, so früh schon blühende Heide zu finden, bewahre ich das ganze Jahr hindurch auf, sehe es immer wieder an und bin wieder in Wartha.
Dieser Student wurde später mein Mann. Die Erinnerungen an ihn gehen also weit zurück und sind schon aus meinen frühen Kindheitsjahren nicht wegzudenken.

Und nun stehen wir – seine Familie – nach Jahrzehnten wieder hier am ›Bergsturz‹ und sehen hinunter auf das Städtchen beim Neißedurchbruch. Genau wie damals der Fluß, die Brücke, die Straße, die Kirche, die Häuser. Und jetzt schnauft wahrhaftig sogar ein Eisenbahnzug über die zweite Brücke, winzig klein, wie eine Spielzeugbahn, entzückend anzusehen.

»Weißt du noch«, sagt eins von uns Älteren, »auf einem der Dächer stand, weithin sichtbar, aus Dachziegeln zusammengesetzt, der Name ›Klieeisen‹. In dem Haus gab es die richtigen ›Warthapusserle‹.« »O ja, ich weiß«, lautet die Antwort.

›Warthapusserle‹ waren Pfefferkuchen, die es jedoch nicht nur Weihnachten, sondern das ganze Jahr über gab. ›Klieeisen‹ stand nicht mehr da, das Dach mußte neu gedeckt worden sein. Im übrigen aber – oh, es war wie einst, es war wunder-wunderschön, hier zu stehen, durch die klare Luft hinunterzublicken und einen Augenblick lang zu träumen, der geliebteste Mensch stünde hinter einem und sähe mit einem zusammen in das Tal; dankbar zu sein, daß die Kinder dabei waren und dasselbe fühlten, wenn sie es auch nie aussprachen, wie man selbst es tat. Es war schön, es war ein Pflaster auf die Wunde, die der Anblick von Glatz in unsere Herzen gerissen hatte.

»Kommt, wir müssen weiter«, sagte Ernst endlich leise und packte seine Filmkamera ein. Wir wanderten bergab, merkwürdig stumm. Der nächste Ort würde Camenz sein, und als Wahrzeichen darüber das Schloß des Prinzen von Preußen, das

Schloß mit den vier Türmen aus rosa Klinkern, von Schinkel entworfen und dann ziemlich verkitscht, dennoch *das* Schloß unserer Kindheit. Es hieß, es sei abgebrannt, nur die Fassaden stünden noch; den Park, fünfhundert schlesische Morgen groß, hätte man abgeholzt.
Wir verfehlten die richtige Straße und gelangten ein wenig westlich davon ins flache Land. Voller Spannung, schweigend, hielten wir den Blick nach rechts gerichtet. Da plötzlich tauchte es auf; meine Schwester und ich sahen es zuerst, gleichzeitig.
»Da!« sagten wir leise.
Es stand noch, ›unser‹ Schloß. Mit allen vier Türmen, die es in die Luft reckte, was ihm damals schon in unseren Augen große Ähnlichkeit verlieh mit einer umgedrehten Ritsche – so sagt man bei uns für Fußbank. Auch lag es noch wie damals eingebettet im warmen Grün der Bäume. Der Park war also nachgewachsen, es war ja drei Jahrzehnte her seit Kriegsende. Der Tiergarten in Berlin ist ja auch nachgewachsen, der damals ein Kartoffelacker war. Wir starrten stumm. O Camenz.
Unser Fahrer hatte angehalten. Die beiden anderen Wagen kamen nach und hielten auch. Wir stiegen aus, standen, sahen hinüber. Keiner fand ein Wort. Nicht einmal die Ziegen meckerten; sie merkten wohl, daß selbst ein zärtlicher Scherz hier nicht lindern konnte, was fast nicht zu ertragen war.
Am Fuß des Schlosses liegt die katholische Kirche

mit dem riesigen Dach, dem winzigen Dachreiterlein darauf und je drei krönenden Heiligenfiguren auf den hohen, frühbarocken Giebeln, mit denen man die hochgotische Kirche beim Umbau später versehen hatte. Es gibt sie noch, sie steht noch! Davor das Dorf. In wieviel Nächten, in wieviel sehnsüchtigen Träumen hatte man es gesehen – nun war es Wahrheit, Wirklichkeit, das Heute. Es war nicht zu fassen.

Langsam fuhren wir weiter. Meine Schwester erzählte, halblaut, mit Absicht Nebensächliches, um die Spannung ein wenig zu lockern. Sie hatte im Krieg, schon verheiratet, hier famuliert, war täglich mit dem Fahrrad neun Kilometer weit gestrampelt, ins nächste Städtchen. Einmal sah sie einen Storch, der über die Wiesen spazierte, und guckte ihm nach.

»Frollein, das ist nischt für Sie!« rief ihr ein Bauer zu.

»Hier bei Kunzendorf war das«, berichtete sie, als wir gerade in dieses Dorf einfuhren. Natürlich hat es jetzt einen anderen Namen, aber wir kannten es doch als Kunzendorf. Und wer spazierte dort rechts stolz auf der Wiese herum? Tatsächlich – der Storch! Ob es noch derselbe war, der von damals... Wir brachen in Jubel und Gelächter aus und konnten uns lange nicht fassen.

»Da ist er ja, da ist er!«

Sein Nest gab es auch noch, wir sahen es im Vorbeifahren auf einem alten Bauernhaus.

Daß man so lachen kann, nachdem einem das Herz beinah brach, fünf Minuten zuvor ...

Nun kam der Viadukt, die große, hohe, alte Brücke, über die die Eisenbahn fährt. Rechts das Eichvorwerk, das Gut, wo wir als Kinder im Krieg Milch holen mußten. Und nun das Dorf.

»Das Mariannenhaus«, sagten wir wieder wie aus einem Mund, halblaut, als könnte es, erschreckt vom Rufen, noch schnell verschwinden. Großvaters Krankenhaus. Er hatte es nach Prinzessin Marianne genannt, die seine Schirmherrin war. Ein modernes, sehr schönes, wenn auch kleines Krankenhaus, in dem er operierte, jeden Vormittag, nachdem die Sprechstunde vorbei war. Wie oft waren wir dort, schnupperten den geliebten Geruch nach Äther und Desinfektionsmittel ein, flüsterten im Flur, während wir auf Großvater warteten, und ließen uns von den Schwestern verwöhnen. Ein Junge aus unserer Schule, etwa neunjährig, lag hier schwerkrank; wir besuchten ihn bis zu seinem Tode.

Er hatte die Knochentuberkulose. Großvater gab sich unendliche Mühe mit ihm. Ich erinnere mich noch genau daran, daß er eines Tages sagte: »Der Gotthard wird wieder gesund.« Doch seine Hoffnung erwies sich bald als ein Irrtum; der Junge starb. Zu seiner Beerdigung ging die ganze Schule mit, und wir sangen: »Jesus, meine Zuversicht«. Ich weiß noch, wie schwer der Kranz war, den die Schule stiftete und den jeder eine Weile halten mußte. Der Neumann-Gotthard ...

Wir fuhren ganz langsam durchs Dorf. Jetzt kam links die Brücke über die »Zadel-Bache«, auf der wir ›Eis-Pleta‹ auf Eisschollen fuhren – streng verboten, schmerzhaft geahndet, denn bei diesem fröhlichen Sport konnte man leicht ertrinken. Die Dorfstraße weiter. Jetzt würde gleich die Kurve kommen, hinter der unser Haus lag, das großelterliche, innig geliebte ... Mein Herz hämmerte wie Holz auf Blech.

Der Kies knirscht. Die eisenbeschlagenen Räder des Kutschwagens drücken ihn zusammen. Manchmal höre ich das nachts, und dann bin ich wieder acht Jahre alt. Nirgends knirscht der Kies so wie hier, im Hof von Großvater, wenn wir losfahren, er und ich.

Eine merkwürdige Verbundenheit besteht zwischen uns, zwischen dem alten Herrn mit weißem Spitzbart und friderizianisch blauen Augen und mir, dem dummen kleinen Mädel mit den beiden Zöpfen. Niemand sprach darüber, auch ich verheimliche es vor mir selbst. Aber in blitzartig kurzen Augenblicken weiß ich deutlich, daß er mich liebt – und daß ich ihn heiß liebe und bewundere. Und immer ist es ein Fest, Höhepunkt meiner Ferienbesuche, wenn ich mit ihm fahren darf.

Früher fuhr er zweispännig, mit den Pferden Unkas und Kleiner, in der großen Kutsche; vorn auf dem Bock der Kutscher. Da durften wir Kinder manchmal auf dem Rücksitz mitfahren, Großvater

gegenüber unter der ledernen Spritzdecke. Später dann, im Ersten Weltkrieg, wohnten wir, solange unser Vater eingezogen war, ganz bei den Großeltern. Zu der Zeit gab es den kleinen Einspänner, vor dem das Russenpferdchen Fallada lief; ich saß neben Großvater und durfte kutschieren. Wenn Großvater dann zu seinen Patienten hineinging und oft sehr lange blieb – er war, wie der Engländer sagt, ein guter *bedsider* –, mußte ich draußen warten und das Pferd halten. Das war im Winter manchmal schwierig, denn Fallada liebte keine kalten Füße und stand dann nicht. Trotzdem habe ich sie geliebt. Der Kutscher war kriegsverletzt – andere bekam man nicht – und durfte bei solchem Wetter zu Hause bleiben. Ich war darüber nur froh.

Das Haus mitten im Dorf, an der Hauptstraße, wie es sich für ein Doktorhaus gehört, war das schönste, wunderbarste, geliebteste Haus der Welt. Weiß, breithingelagert, dem Stil englischer Landhäuser angenähert, so steht es mir vor Augen. Vorn war ein Vorgarten, über dessen Zaun wir zu klettern pflegten; denn an der Haustür läuten durften wir nicht. Wir mußten ›hintenherum‹ gehen, zur Hintertür oder an der Seite ins Haus, durch den rückwärtig gelegenen Garten. Dieser Garten hinter dem Haus, der Garten unserer Kindheit, mit hohen Bäumen, mit Fliederbüschen und Pfeifenkraut an der vorderen Giebelseite des Hauses, mit einem Rondell, um das wir Fangen spielten, einer Luftkegelbahn, mit Rosenbäumchen auf dem Rasen und dem geliebten Frühapfelbaum: kein Garten Eden kann schöner sein. Am Balkon die Linde, die die heißeste Mittagssonne abfängt, als Abschluß des Gartens hinten eine Mauer, etwas über mannshoch, breit, die obere Fläche ein klein wenig schräg, damit der Regen abfließen kann. *Die* Mauer, auf der man so wunderbar sitzen kann, die Beine herunterbaumelnd, lesen, unreife Frühäpfel kauen, die alle wurmig sind und an einer Seite noch grün, an der anderen schon gelb, und die duften, duften – wenn man mit geschlossenen Augen dran riecht, ist des Sommers ganze Fülle da. Denn es ist Sommer, es ist August, und man ist in Camenz.

Von drüben grüßen die Berge, eine sanft gewellte Kette, vom Jauersberg links über den Spitzberg bis zum Warthaberg. Mit geschlossenen Augen kann ich sie malen, so genau kenne ich sie. Sie sind hellblau, manchmal auch dunkler, mitunter so nahe, daß man glaubt, die einzelnen Baumspitzen erkennen zu können. Dann gibt es Regen. Davor eine Reihe Bäume, die den Kirchsteig säumen. Wievielen Beerdigungen haben wir zugesehen, auf der Mauer sitzend, die dort entlangzogen, schwarzgekleidete Dorfleute hinter dem Sarg. »Er hat zwölf Beine!« sagten wir, wenn sechs Mann ihn trugen, oder: »Er hat sechzehn!«

Wunderbarer Garten, wunderbares Haus. Die lange Eßstube, die vom Flur bis zum halbrunden, durch einen dunkelroten Vorhang abgeteilten Erker reicht, liegt im Halbschatten, weil über der Veranda, die davorgelagert ist, die rotweiße Markise herabgelassen wurde. Es ist kühl in der Eßstube, die weißgestrichene Verandatür steht offen, Sommerluft weht herein. Es riecht nach Rosen und nach einer Mandelmilchseife, die ich nie wieder fand, so sehr ich auch später danach suchte. Sie liegt auf dem Waschtisch hinter Großmutters Stuhl, wo wir uns die Hände vor Tisch waschen – oder waschen sollen. Meist vergessen wir es. Der Tisch ist immer lang ausgezogen, es ist ein gastliches Haus. Großmutter sitzt in ihrem Lehnstuhl auf dem kleinen Podest am ersten Fenster und strickt. Sie strickt keine Strümpfe und Pullover, die damals noch ›Sweater‹ hießen, o nein, sondern aus weißem Zwirn wunderhübsche und zärtliche Gebilde, Deckchen, mit einem Stern in der Mitte und vielen Sternen drumherum, winzige Häubchen für Täuflinge, Taufkleidchen, und breite, aus tausend Sternen zusammengesetzte ›Überdecken‹ für Betten. Großmutter hat glatte, weiße, gepolsterte Hände und immer ein sauberes Taschentuch, wenn man eins braucht, zum Nasewischen, zum Abtupfen blutiger Kinderknie, zum Weinen, wenn man etwas verbrochen hat und beichtet. Großmutters Taschentücher strömen einen ganz schwachen Lavendelduft aus. Ich fand ihn später in Südfrankreich wieder; er zauberte mit einem Schlag die Kindheit und die großmütterlichen Räume wieder

herbei, und es fehlte nicht viel daran, daß ich bei dieser Entdeckung in Tränen ausgebrochen wäre.
Großmutter, die ›Frau Rat‹, wie man sie im Dorf nennt, ist majestätisch, freundlich, hat immer Zeit, und sie ist, was sich heute keine Großmutter zu sein traut: dick. Sie kocht hervorragend, sie kennt alle Pilze, die ihr Dorfweiblein und Kutscher bringen, sie weiß den ersten Teil des Faust auswendig und viele Gedichte dazu, die heute keiner mehr kennt und die wir immer wieder hören wollen. Und sie schenkt.
Großmutters größte Leidenschaft ist Schenken. Keiner geht unbeschenkt von ihr, auch später nicht, als die Inflation sie und Großvater arm macht. Es gibt Menschen, die sind in jeder Lebenslage reich.
Und die Briefe, die sie schreibt! Wir besitzen heute noch einige wenige, aber die sind so wunderbar – wir haben sie fotokopiert und im Enkelkreis verteilt, damit jeder seine Freude daran haben kann. Briefe, vierzehn Seiten lang, und am Schluß heißt es: »Gott befohlen, morgen schreibe ich wieder.«
Großmutter bewegt sich in ihrer Fülle nicht gern, und wir Kinder, sonst faul wie die Sünde, blind und taub überall da, wo man ›gefällig‹ sein müßte – bei Großmutter wetteifern wir, ihr einen Gefallen tun, einen Weg abnehmen zu können.
»Ach, sei so gut und klingle ...« – noch heute höre ich den Ton ihrer Stimme! – Ich stürze zur Klingel. Oder, wenn sie ihr Strickzeug weg und die Hände auf die Armlehne ihres Stuhles legt, um sich zu

erheben: »Was möchtest du, Großmutter?« frage ich dann. »Bleib sitzen, ich geh für dich!«
»Ach, Kind, ich danke dir. Aber diesmal möchte ich dorthin, wo auch Kaiser Karl zu Fuß hinging ...«
Welchen Kaiser Karl sie meinte, hat sie nie näher angegeben. Aber ich stellte mir seitdem und eigentlich auch jetzt noch jeden Kaiser Karl wie unsere Großmutter vor.
Vormittags kommt die Gustel, eines der zahlreichen Dorforiginale. Sie ist Botenfrau, klein, alt, krumm und nicht sehr sauber. Wie gut erinnere ich mich, daß unsere Mutter, wenn wir uns vor dem Waschen gedrückt hatten und entsprechend aussahen, lakonisch feststellte: »Wie die Gustel!«
Jeden Tag fährt die Gustel mit ihrem Hundewagen von Camenz nach Frankenstein und kauft ein, was die Dorfleute in Camenz nicht bekommen und bei ihr bestellt haben. Der Hund, mittelgroß und von zweifelhafter Rasse, aber treu und gut, heißt Waldin und wohnt in einer Hütte auf unserem Hof. Wir sind gut Freund mit dem Walderla und mögen auch die Gustel gern, weil sie so ›spickig‹ ist. ›Spickig‹ ist nicht präzise zu übersetzen, es bedeutet etwa: komisch, drollig, eigenartig – aber doch nur *ungefähr*. Es ist eben schlesisch.
Ehe die Gustel ihre tägliche Wanderung beginnt, kommt sie zu Großmutter, die immer irgendwelche Aufträge für sie hat. Dann sitzt sie auf einem Stuhl zu Füßen der ›Frau Rat‹, die sie in der drit-

ten Person anredet, und nimmt die Bestellungen entgegen. Sie erlebt viel auf ihren Wanderungen, die sie, wie mein Bruder einmal ausrechnete, zweieinhalbmal um den Äquator führten. Das klingt nicht sehr großartig heutzutage, da man den Mond erreicht. Immerhin, zu Fuß . . .

Denn die Gustel läuft neben ihrem Wägerla her, sie sitzt nicht auf, auch nicht, wenn es bergab geht. Sie wandert neben ihrem Walderla her, nicht nur, wenn der Prinz, ›unser Prinz‹, der im Camenzer Schloß wohnt, sie trifft und ein wenig mit ihr schwätzt. Er ist Landrat in Frankenstein und natürlich eine hohe Respektsperson. Die Gustel macht einen Hofknicks und unterhält sich mit ihm, läßt sich dabei aber keineswegs einschüchtern.

»Jetzt müssen königliche Hoheit aber los, sonst kommen königliche Hoheit zu spät zum Abendbrot«, sagt sie, wenn er, wie sie meint, zu lange bei ihr verweilt. Auch bei Großmutter ist sie formvollendet und höflich, wenn sie auch ihre Vorteile zu wahren weiß.

»Frau Rat sein ja sehr gütig, aber –«, wir Kinder wissen schon, dann will sie etwas. Wir verprusten ein Lachen und flüchten in den Erker, hinter den Vorhang. Dort ist überhaupt unser bon retiro, dort kann man nämlich, ohne daß die Erwachsenen es sehen und verbieten können, zum Fenster hinauswitschen, wenn einem irgendwas nicht paßt. Denn nicht nur die Gustel besucht uns, sondern manchmal auch die Prinzessin, die Frau des Prinzen.

»Frau Rat, die Frau Prinzeß –« Marie oder Klara oder wie unsere beiden ›Dienstmädchen‹ gerade heißen – meist hießen sie so – hat kaum die Eßstubentür aufgerissen, da erscheint auch schon ihre königliche Hoheit im Türrahmen. Weißgekleidet, mit einem Riesenhut – diese Mode stammt wohl von der Kaiserin, ihrer Tante – steht sie wie hergehext in der Eßstube, und wir Kinder ergreifen blitzschnell die Flucht. Nicht aus Untertanenrespekt, o nein, sondern weil wir, kommende Demokraten, es nicht leiden können, die erlauchten kleinen Prinzessinnen ›mitnehmen‹ zu müssen. Vier kleine Töchter hat sie, die Frau Prinzeß, und wir sollen mit ihnen spielen, ihnen unsere Karnickel zeigen und sie, das schlimmste, mit ›Sie‹ anreden. Das tun wir einfach nicht. Wie kommen wir dazu, kleine Mädchen zu siezen, die jünger sind als wir. Sie sehen entzückend aus, die vier, wie Märchenprinzessinnen. Immer in weißen Kleideln, mit Wadenstrümpfen und Halbschuhen, die blonden Haare zu Schlangenlocken gedreht, die rechts und links neben dem Gesicht herunterhängen, an den Schläfen mit hellblauen Bändern gehalten. Ich weiß noch, wie sie heißen: Marie-Theres, Luise-Henriette, genannt Sis, Marianne und Elisabeth. Elisabeth wird »der Punkt« genannt, weil nach ihr keins mehr kommt. Die Hoffnung auf einen Sohn, der das Schloß geerbt hätte, war mit ihr dahingegangen. Freilich hätte auch er das Schloß nicht behalten . . .

Die Lebenslust der Mutter war dadurch nicht eingeschränkt. Immer sieht sie schön aus, strahlend und jung, ob sie nun zu Besuch zu uns kommt, im Park reitet oder in der Kutsche vorüberfährt, zwei Rappen davor, die das prinzliche Geschirr mit den silbernen Kronen an den Scheuklappen tragen, oder im Auto. Ja, der Prinz besitzt ein Auto, das einzige im Dorf. Es hat, wie das des Kaisers, den Hupendreiklang ›halli-hallo‹ – eine Tatsache, die viel dazu beiträgt, daß wir auf ›unseren‹ Prinzen so stolz sind. Dagegen würde es uns wild entrüstet haben, wenn sich etwa unser Großvater statt der Pferde ein Auto zugelegt hätte. Es war einmal die Rede davon, und ich konnte nächtelang nicht schlafen, wenn ich mir vorstellte, wir hätten die geliebte Fallada nicht mehr. Gottlob ließ man diesen Plan bald fallen. Das Auto des Prinzen dagegen fanden wir aufsehenerregend.

Manchmal ist der Großvater beim Prinzen zum Diner eingeladen. Dann trägt er den Frack. Einmal hat unser Hund im Dunkeln irrtümlicherweise den heimkehrenden Großvater angefallen und ihm ein Frackhosenbein zerfetzt. Damals gab es schon nichts mehr zu kaufen. Großmutter ließ die Hose kunststopfen, und seitdem ging Großvater mit einer geflickten Hose aufs Schloß.

Das Schloß ist für uns nicht fern und unnahbar, sondern sehr bekannt. Die Tochter des prinzlichen Hofmeisters sitzt neben mir in der Schule, und wir sind gute Freunde. Sie ist, im Gegensatz zu unseren

anderen Dorffreunden, immer sauber und hat eine vorbildliche Ordnung in ihrem Ranzen. Bei mir, beiläufig bemerkt, fehlt dauernd ein Heft oder ein Buch oder gar beides, und der Heilige Antonius hat sicherlich viel Ärger mit mir, wenn er auch solche Schlamperei bei Evangelischen wohl nicht gar so tragisch nimmt. Meine Mutter nimmt sie schon weit tragischer. Diese Freundin Hilde also wohnt im Schloß, und wir besuchen sie manchmal. Wenn ein festliches Diner stattfindet, nimmt sie uns mit zum Zugucken. Wir müssen unzählige Eide schwören, ganz ganz leise zu sein, schleichen uns auf Strümpfen hinauf auf die Galerie, die rings um den Marmorsaal läuft, und lassen uns bäuchlings auf die Matratzen nieder, die aus unerfindlichen Gründen dort lagern. Nun können wir zwischen den kleinen marmornen Pfeilern hindurch, die das Geländer stützen, nach unten spähen und beobachten, wie die Herren speisen.
Zuerst steht nur der lange Tisch in der Mitte, ohne Stühle ringsum; er ist mit schneeweißem Damast gedeckt, den die Diener noch mit herbeigeschleppten Bügeleisen glätten, hier eine Falte ausstreichend und dort einen falschen Kniff. Auf der Tafel feines Porzellan, Silber und Kristall, dazwischen Blumenarrangements aus der Hofgärtnerei. Endlich führen die Herren ihre kostbar gekleideten Damen herein und zu Tisch. Von allen Seiten kommen die Diener gelaufen und schieben jedem einen Stuhl in die Kniekehlen. Schon jetzt sind wir am Heraus-

platzen, wir da oben auf der Galerie. Aber wir dürfen doch nicht lachen, wir können uns höchstens durch Zeichen verständigen, und das wird immer komischer und gefährlicher. Schließlich halten wir es nicht mehr aus und huschen durch die vorsichtshalber nur angelehnte Tür hinaus. Doch auch im Flur muß man sich leise verhalten, damit man uns nicht entdeckt.

Ja, mit Hilde konnte man Pferde stehlen, und wir mochten sie alle. Mein Bruder hat sie sogar jahrelang heimlich verehrt, und als wir längst erwachsen waren und einmal um das Schloß spazierengingen, warf er ihr zum Ausdruck dieser Verehrung einen mächtig dicken Schneeball durchs offene Fenster in ihr Zimmer – freilich als sie nicht daheim war. Sie und ihre Eltern werden sich bei ihrer Heimkehr nicht wenig über die große Pfütze in Hildes Zimmer gewundert haben, die sich ja nicht ohne weiteres als eine Krokodilsträne heimlicher Liebe interpretieren ließ.

Mitunter steigen wir auch auf einen der Schloßtürme und erklären irgendeinem Besuch von dort aus die Gegend. Man sieht über die Terrassen, die große Kirche und das Dorf hinweg am Horizont die Berge. Die Türme tragen richtige Zinnen, zwischen denen man sich hindurchschieben kann – und dann hinunterfallen, wie die Mummi immer fürchtete, auch als wir schon erwachsen waren. Wer wird schon erwachsen in den Augen seiner Mutter!

Wenn der Prinz daheim ist, weht die Fahne vom

Turm. Vorn an der Front des Schlosses befindet sich ein Wappen, halb deutsch, halb holländisch, auf einer Seite ein Mann, der einen Schild hält, auf der anderen ein aufrechtstehender Löwe. Das Wappen ›unseres‹ Schlosses.
Zum Geburtstag meines Bruders im August wird Hilde natürlich eingeladen. Wir spielen dann im Garten Kegel oder »Wem begegne ich« und dürfen abends ausnahmsweise noch einmal hinaus, um die vielen Sternschnuppen zu sehen, die in dieser Nacht fallen, die ›Tränen des heiligen Laurentius‹. Je nachdem, wie dunkel oder wie hell die Nacht ist – bei Vollmond sieht man natürlich keine –, zählen wir mehr oder weniger, manches Jahr bis zu achtzig. Immer will ich mir etwas wünschen, bei jedem goldenen, über den Himmel wischenden Strich. Und immer versäume ich es. O Camenz, unser Garten, unser Haus!

Es stand noch. Trotzdem starrte ich es an und begriff nicht – und meiner Schwester ging es genauso. Weiß war es früher, schwarz ist es jetzt. Nicht etwa grau, sondern wirklich tiefschwarz, wie mit Kohle bemalt. Kein Vorgarten davor. Konnte denn *das* unser Haus sein?
Wir hielten an, die anderen Wagen auch. Wir stiegen aus, blickten die Fenster entlang. Waren *das* unsere Fenster, war *das* die alte Tür? Die Haustür, durch die die Patienten hereinkamen, die alte grüne Tür mit der Messingklingel, die man an

einem Griff aus der Wand zog? Drei Steinstufen führten zur Haustür hinauf.
Die Stufen waren noch da. Jetzt mußte der Flur kommen, lang, weit, mit rosa Sandstein gepflastert; sonnabends wurde er gescheuert und roch dann so gut. Über der Treppe, die sich hinten in einem halbrunden Anbau emporwand, ein kleiner, gemauerter Bogen, darauf stand:

Deutsches Haus und deutsches Land,
schirm euch Gott mit starker Hand!

Wer die Tür geöffnet hat, weiß ich nicht. Ich starrte nur ins Haus hinein, in den Flur, immer noch nicht begreifend. Daß der Spruch nicht mehr da war – damit hatten wir gerechnet. Der Sandstein auf dem Boden war nicht mehr rosa, sondern grau. Die gleiche Treppe führte noch nach oben, aber das schöngeschwungene Geländer war durch ein scheußliches, plump-nützliches Holzgitter ersetzt, das man im Leben nicht mehr herunterrutschen konnte wie früher, im ›Damen-‹ oder im Reitsitz, um die Kurve gleitend, unten in weitem Satz abspringend. Das Geländer an der Wand war noch das alte, auch das eine Treppenfenster, rundbogig, oben mit bunten Glasecken besetzt, wie man es zur Jahrhundertwende so schön fand. Dasselbe Glas!
Wir müssen wohl ein wenig verstört und sehr verloren dreingeschaut haben, wie wir da so standen; jedenfalls bildete sich im Nu ein Kreis Neugieriger um uns. Wir deuteten hilflos in die offene Haustür

– was hieß Großvater, was Arzt? Im Sprachführer hatten wir es uns angesehen und zurechtgelegt, jetzt aber war, wie manchmal früher in der Schule, nur noch ein großes schwarzes Loch dort, wo die Vokabeln gesessen hatten.

Nach einer Weile fand sich eine Dolmetscherin, eine Deutsche, die am Ende des Krieges einen Polen geheiratet hatte, einen Eisenbahner. Sie hieß Frau Lenz, und das hatte, wie ich fand, etwas Tröstliches. Hilfsbereit sprach sie uns an, und dann sagte sie ein paar Worte zu den Leuten, die aus dem Haus getreten waren und nun vor uns standen, verlegen, neugierig, mitleidig. Die stammten aus Galizien, erklärte sie uns, waren hierhergeschwemmt worden in der großen Springflut der Völker, waren hier auch nicht daheim und sehnten sich zurück.

Sieben Mietsparteien wohnen jetzt in dem Haus, das in staatlichen Besitz übergegangen ist. All die Leute, die uns umstanden, waren sehr freundlich zu uns. Man lud uns für den nächsten Morgen zum Kaffee ein, und wir sagten zu. Ja, ja, wir würden kommen – aber jetzt wollten wir erst einmal weg. Frau Lenz schloß sich uns an, als wir hastig, wie auf einer nicht eingestandenen Flucht, die Dorfstraße entlanggingen – die Straße, die wir als Kinder tausendmal gedankenlos und vergnügt entlanggesprungen waren.

Es zog uns zu ›unserer‹ Kirche, von der wir gehört hatten, sie sei noch wie früher. Zu einem ehemali-

gen Kloster gehörend, steht sie auf einem Platz, den mehrere große Gebäude einschließen. Man erreichte den Kirchplatz durch das sogenannte Brauertor; die alte Brauerei zur Linken war schon damals nicht mehr in Betrieb. Ich zitterte, als ich um die Ecke bog – und atmete dann auf: Das Tor ist noch da! Davor die Brücke über den Mühlgraben, auf dem steinernen Geländer rechts der Nepomuk mit seinem Strahlenkränzel auf dem Kopf, links der Florian, dieser freundliche Heilige, der gegen Feuer schützt. Er gießt – wie seit Jahrhunderten – steinernes Wasser auf ein kleines brennendes Haus aus Stein, der Größe nach eine Hundehütte, die ihm zu Füßen steht.
Diesen Heiligen liebte ich besonders. Um ihn gab es eine drollige kleine Legende, genauer eine Nasführung derer, die sie noch nicht kannten, vor allem gutgläubiger Kinder.
»Wenn man«, so lautete diese Legende, und so ist sie auch uns erzählt worden, »früh nichts ißt, dreimal um die Kirche geht, dann vor dem Steinbild niederkniet und fragt: ›Heiliger Florian, was habe ich heute gegessen?‹ so antwortet er ...« – und jetzt verstellte man die Stimme und machte sie möglichst tief und heiligengemäß – »... nichts.«
Wir alle sind darauf hereingefallen, haben es heimlich ausprobiert und jeder für sich festgestellt, daß er tatsächlich nichts sagte, man mochte ihn fragen wie man wollte.
»Mach Aufnahmen von ihnen, bitte, fotografier'

sie beide!« flüsterte ich Ernst zu, als könnten wir dadurch die Figuren für die Ewigkeit retten.
Im Brauertor hallten die Schritte wider wie damals. Und wie damals erhob sich, wenn man wieder heraustrat, die Fassade der Kirche vor einem, mächtig aufragend, großartig.
Der Kirchplatz war unverändert. Links hinter den alten Kastanien die Prälatur, rechts die katholische Schule, sauber und gut gehalten. An der vierten Seite, vom Brauertor aus hinter der Kirche, hatte früher das niederländische Palais gestanden, vom Hofgarten umgeben.
Wir konnten an diesem Tag nicht in die Kirche hinein. Frau Lenz aber versprach, Erlaubnis und Kirchenschlüssel zu beschaffen und uns am nächsten Tag weiter zu begleiten. Wir fragten sie, ob sie meine, daß wir hier irgendwo zelten dürften. Unter gar keinen Umständen, riet sie uns, und schon gar nicht heimlich. Wir hatten davon geträumt, im ›Pilzwald‹ zu schlafen, dort, wo man im Frühling ›in die Schneeglöckel‹ ging. Nirgends habe ich sonst erlebt, daß wild auf den Wiesen solche Massen von Schneeglöckchen wachsen wie früher auf unserer Pilzwiese.
Als Kinder gingen wir mit unseren Schulkameraden los und pflückten um die Wette, riesige Sträuße, die weißen Blüten Kopf an Kopf, ohne Blätter. Da hinein, in diese sanfte, herbduftende Kühle, das Gesicht zu legen – unvergeßlich.
Zu der Zeit, als die Großmutter starb, war ich in

Leipzig und konnte von dort aus nicht kommen. Ich weiß noch, wie ich auf einem alten Herrenrad durch die Stadt fuhr, um Blumen zu ergattern. An einigen Hauseingängen in der Altstadt gab es manchmal alte Mütterchen, die Schneeglöckchen verkauften. Ich fand eine, kaufte ihr alles ab, was sie hatte, verpackte die vielen Sträußchen, wickelte nasse Watte um die Stengel und schickte das Ganze ›per Eil‹ ab. Beim Aufschneiden der zusammengebundenen Stengel schnitt ich mich tief in den Finger. Irgendwie tat mir das wohl in dem brennenden Schmerz um Großmutter.

Nein, besser nicht im ›Pilzwald‹ zelten, nicht aufwachen und die Neiße rauschen hören. Wir nahmen Abschied für heute und fuhren in Richtung Ottmachau, wo wir einen Zeltplatz wußten. Auch der war, wie wir feststellen mußten, überfüllt. Aber in der Nähe, fiel uns jetzt ein, soll doch eine Frau wohnen, die Deutsch spricht und jene Familie kennt, die uns samt Kaffee und Kuchen so viele gute Ratschläge mit auf den Weg gab? Wir lasen den Brief noch einmal, in dem man uns die Lage jenes Hauses beschrieben hatte. Es begann schon langsam zu dämmern.

Unter den Häusern, die in Frage kamen, war eins, das – wie in dem Brief beschrieben – neu eingesetzte Fenster hatte, einen kleinen Vorgarten mit Blumen und über dem Eingang ein kleines Dach.

»Dort versuch ich es einmal«, sagte ich und schlich hin, merkwürdig verzagt und ohne Hoffnung auf

Erfolg. Ich hatte das Gefühl, die Kinder sehr zu enttäuschen mit meiner namenlosen Niedergeschlagenheit. Je schlimmer es kommt, desto fröhlicher und zuversichtlicher muß doch eine Mutter scheinen! Hatte ich das denn nicht jahrzehntelang geübt?

Ich klopfte. Eine nicht mehr ganz junge, schlanke, hübsch gekleidete Frau öffnete mir. Ich hielt das Päckchen vor mich hin und sagte ihr, wer ich sei. Da ging ein Strahlen über ihr Gesicht.

»Frau Gast? Ich habe einen Brief für Sie!«

Lebhaft drehte sie sich um und reichte mir dann den Umschlag. Ich riß ihn auf.

»Herzlich willkommen in der alten Heimat!« stand als erstes da. Ich fühlte, wie mir heiß die Tränen aufstiegen – doch es gelang mir, einigermaßen Haltung zu bewahren. Dazu verhalf mir ein wenig auch die Frau Michallek, die Frau, von der unsere Freunde so viel gesprochen hatten. Auch für diese Frau hatten sie uns Kaffee und Kuchen geschickt, einen Brief dazu eingepackt und uns außerdem noch viele Grüße mündlich aufgetragen. Und so standen wir einander denn fast wie gute alte Bekannte gegenüber.

»Natürlich helfe ich Ihnen, wenn der Campingplatz schon voll ist«, versprach sie uns. »Sie bleiben dann einfach bei mir.«

»Wir sind zu elft«, murmelte ich kaum hörbar. Wer kann schon elf Leute unterbringen?

Doch sie wußte Rat. »Wenn Sie im Hühnergarten

zelten wollen ... Freilich, die Hühner klecksen überall ein wenig herum –« Diese Entschuldigung klang so reizend und rührend angesichts unserer Situation.
Ich lachte mit nassen Augen. Im Hühnergarten, zwischen Misthaufen und Schweinestall, natürlich, wie herrlich! Der Garten konnte sogar abgeschlossen werden, so daß wir nicht um Radkappen und Scheibenwischer zu bangen brauchten, Dinge, die angeblich eine große Anziehungskraft auf die Hände kleiner polnischer Autofans ausüben – über Mercedessterne, die besonders begehrt sein sollen, verfügten wir nicht.
Während die Jüngeren die Zelte aufbauten, muß ich, von allen heimlichen Erregungen ermattet, ein wenig eingeschlummert sein. Auf dieser Reise war ja auch alles anders als erwartet, vieles schier unverständlich. Ich wachte auf und fand mich allein im Zelt liegend, die beschuhten Füße hinausgestreckt. Es war inzwischen völlig dunkel geworden. Wo waren die anderen? In der Nähe hörte ich wilde Tanzmusik.
Ich rappelte mich auf, wobei ich, wie sich später herausstellte, meinen Geldbeutel mit allen Slotys verlor, und tappte durchs Dunkel aus dem Garten, dem Lokal des Ortes zu. Wieso ich mich gerade dorthin wandte, wieso ich die Meinen dort vermutete, kann ich mir heute nicht mehr erklären. Mein Instinkt hat mich geführt, und er führte mich richtig. Ein Saal voll Tanzender, ein Tisch, an dem als

einzige Nichttänzerin die Schwester meines Schwiegersohnes saß, die Rosel mit dem gebrochenen eingegipsten Mittelfußknochen. Die übrigen tanzten alle. Ich setzte mich zu ihr.
Sie tanzten, am Abend des Tages, der uns wieder in unsere Heimat geführt hatte! Ist so etwas vorstellbar, nachempfindbar?
Zu meiner Beruhigung erfuhr ich, daß man hier nur herein durfte, wenn man tanzte. Unsere Leute hatten eigentlich nur essen wollen, was ja an sich noch keineswegs sträflich ist. Auf Anfrage hatten sie sich dann bereit erklärt, auch zu tanzen, wenn es denn sein müsse. Das taten sie nun, und wie! Ich hegte den starken Verdacht, daß sie es nicht nur murrend und gezwungenermaßen taten, um nicht verhungern zu müssen, und konnte nur noch den Kopf schütteln.
Meine Schwester ließ sich von einem jungen Mann drehen – wie ich später erfuhr, dem Sohn unserer Frau Michallek –; mein Schwiegersohn schwenkte Gudrun, seine Nichte, und stemmte sie bei jeder Drehung auf bayerische Art in die Luft, wozu sie begeistert juchzte. Mit der gleichen Begeisterung verdienten sich auch alle anderen ihr Abendessen.
Neben mich hatte sich ein kleiner Mann mit breitem, rotem Gesicht gesetzt; er hatte ein beschädigtes Auge, was ihm einen etwas furchterregenden Ausdruck verlieh. Ich verständigte mich mit ihm durch Gesten. Bei dieser Gelegenheit war mir ein Satz wieder eingefallen, den uns Großmutter bei-

gebracht hatte; sie verstand nicht nur polnisch, sondern hatte uns auch Baschliks gestrickt, jene Zipfelmützen mit angestricktem Schal, wie man sie auch im Baltikum trug. Wenn uns im Ersten Weltkrieg polnische Kriegsgefangene ansprachen, konnten wir ihnen antworten: »Nie rozumiemy po polsku!« Es heißt: »Wir verstehen kein Polnisch.« Diese Sprachkenntnisse wandte ich hier an, und mein Gesprächspartner quittierte sie nachsichtsvoll lächelnd.

Nach Beendigung des Tanzes kamen die anderen an unseren Tisch zurück. Ernst fragte Margot, ob sie auch, zur Begleichung der Rechnung hier, sein Geld noch habe. Er hatte es ihr im Laufe des Tages anvertraut, da seine Hosentasche, durch die heutige Mode bedingt, sehr eng ist. Sie antwortete ihm lateinisch: »Omnia mea mecum porto.« Zu deutsch: »Alle meine Habe trage ich bei mir.«

Der Mann an meiner Seite mit dem beschädigten Auge fing an zu lachen, dann sagte er ebenfalls einige lateinische Sätze, flüssig und durchaus richtig, wie die Sprachler unter uns feststellten. Wir bestaunten ihn, doch er schwieg vergnügt.

Im Laufe des Abends erzählte uns seine Frau, er habe, vierzigjährig, drei Jahre zuvor an einer Abendschule sein Abitur gemacht, wolle sich auch jetzt noch weiterbilden. Eigentlich hatte er den Schlosserberuf erlernt. Für das Lateinische haben die Polen übrigens schon immer eine besondere Vorliebe gehabt.

Durch das gelehrte Geldgespräch aufmerksam geworden, vermißte ich plötzlich meine Slotys. Sofort tastete ich mich durch das Dunkel zurück und fand sie vor dem Zelt wieder. O lieber Heiliger Antonius, wie warst du uns wohlgesinnt, uns, den Protestanten!

Nach all diesen Erlebnissen schliefen wir herrlich in unserem Hühnergarten und ließen uns von den Hähnen wachkrähen. Morgens durften wir uns in einem sauberen Badezimmer mit Genuß waschen. Und nun ging es für einen ganzen Tag nach Camenz!

Frau Lenz stand schon vor dem Portal, als wir um neun Uhr pünktlich die drei Wagen nebeneinander auf dem Kirchplatz parkten. Sie hielt einen Strauß bunter Schwertlilien im Arm, wohl aus ihrem Garten. So schön und so froh war dieser Empfang: jeder von uns bekam einen der hohen, üppig blühenden Stengel überreicht. Wir legten sie später auf Großvaters Grab. Zunächst aber ging es in die Kirche.

Zu dieser Kirche – einen eigentlichen Namen hat sie nicht – hatten wir von jeher eine besondere Beziehung. Zum Gottesdienst gingen wir zwar in die andere, die evangelische, die Schloßkirche, die jetzt als Lagerschuppen für landwirtschaftliche Erzeugnisse dient. Mit dieser aber, der katholischen, waren wir befreundet. Es gab wohl keinen Spaziergang aufs Schloß, bei dem wir nicht auf dem Hin-

oder Rückweg schnell einmal in die Kirche schlüpften.

Ach, der Innenraum war noch wie damals! Alle die barocken Heiligenfiguren, die wir als Kinder so liebten, standen noch an ihrem Platz. Wir begrüßten sie alle persönlich wie alte Bekannte. Hier war der Heilige, der auf einem Buch seinen eigenen, abgeschlagenen Kopf vor sich her trug; dort jener, der sich mittels eines merkwürdigen Gerätes seine Gedärme aus dem aufgeschlitzten Bauch herauswand, wobei er, uns Kindern durchaus verständlich, den Kopf vor Schmerzen ganz schief hielt... Wer uns damals hätte belehren wollen, diese Bewegung hinge mit dem barocken Stil und seiner überschwenglichen Ausdrucksart zusammen – wir hätten ihm sicher nicht geglaubt, hätten ihn vielleicht gar der Kälte und Mitleidslosigkeit geziehen. Denn beide Märtyrer wurden von uns inbrünstig mit wohligem Gruseln geliebt und bewundert.

Wir schauten weiter umher. Seht, dort ist ja auch noch die Kanzel mit der Jakobsleiter auf dem Dach! Barocke Englein steigen darauf hinauf und herab, weißgolden, überaus wohlgenährt und pummelig. Wie oft erzählten wir als Kinder vergnügt die Anekdote vom Alten Fritz, der sich viel in Camenz aufgehalten hatte. Er habe, so heißt es, den Abt Tobias Stusche – wohl um sich an seiner Verlegenheit zu weiden – gefragt, warum denn die Engel eine Leiter nötig hätten, wo sie doch Flügel besäßen ...

Der Abt aber war dem aufgeklärten alten Ketzer gewachsen: »Majestät«, so soll er schlagfertig pariert haben, »als diese Figuren entstanden, werden sich die Engel wohl gerade in der Mauser befunden haben!«

Als der preußische König sich wieder einmal in Camenz aufhielt, kam das, wohl durch Verrat, den Österreichern zu Ohren. Sie kamen also und durchsuchten die Prälatur und die Kirche nach ihm. Man fand ihn aber nicht. Der Abt hatte ihn geistesgegenwärtig in eine Kutte gehüllt, und Friedrich war mit den Mönchen in die Kirche eingezogen und nicht erkannt worden. Nur seinen Adjutanten, von Glasenapp, fanden sie, die erbitterten Feinde während des Schlesischen Krieges, hinter dem Hochaltar. An ›unserem‹ Kirchenstuhl war damals – jetzt natürlich nicht mehr – zu lesen:

»Hier stand und sang Friedrich der Zweite von Preußen, als Mönch verkleidet, während die Österreicher die Kirche nach ihm durchsuchten.«

Der große alte König in unserer Kirchenbank! Darauf war man als Kind begreiflicherweise *sehr* stolz.

Auch im Leben meiner drei Ältesten spielte diese Kirche von früh auf eine Rolle, war ein Stück Zuhause. Brigitte, meine Zweitälteste, die auch jetzt mit auf unserer Reise war, bekam als Kind einmal das Aufsatzthema: »Mein schönster Traum«. Damals hatten wir Camenz schon verlassen und in Westfalen einen Unterschlupf gefunden; die Kinder empfanden das zunächst als ›die Fremde‹, denn die alte erste Heimat lag ja weit und unerreichbar hinter ihnen. Brigittes Lehrer, selbst übrigens ein Schlesier, hat mir später einmal das Heft gebracht und den Aufsatz zu lesen gegeben. Da stand:

»Ich war in unserer Kirche und sah das Muttergottesbild im rechten Seitenaltar an, da hatte die Maria kein Christkind mehr auf dem Arm. Aber ich hörte Stimmen und drehte mich um, und da kamen zwei Engel, kleine, rundbackige Engel, wie sie auf der Jakobsleiter stehen, die Treppe von der Orgel herunter. Die führten das steinerne Christkind zwischen sich, das aber lebendig geworden war. Es war vielleicht zwei Jahre alt und trug noch ein Windelpaket, aus dem hatte sich eine Windel gelöst und schleifte hinterher. Die Engel halfen dem Christkind wieder auf Marias Arm hinauf. Da wachte ich auf und merkte, ich war wieder zu Hause gewesen in unserer lieben Kirche in Camenz.«

Um zehn waren wir bei der Familie aus Galizien zum Kaffee eingeladen, in ›unserem‹ Haus. Frau Lenz ging mit und machte den Dolmetscher. Die Leute waren sehr, sehr freundlich. Wir wurden in den Raum geführt, der früher die Eßstube gewesen war. Man hatte ihn in drei kleine Räume unterteilt; nichts verriet mehr die Größe und Weite, die dieser Raum früher einmal besessen hatte.

Diese Stunde der Einkehr in ›unser‹ Haus, von der wir jahrzehntelang geträumt hatten, habe ich nicht klar in Erinnerung. Ich saß da wie im Fieber und sah und hörte nicht genau, nur von fern und verschwommen, was um mich herum vorging. Die Leute, die Galizier, waren wirklich gastfreundlich; sie hatten den Tisch gedeckt und brachten uns Kaffee in hohen, steilen Gläsern, auf die sie sehr stolz zu sein schienen. Frau Lenz erzählte, daß ›der Russe‹ sie aus ihrem Land teils nach Sibirien, teils hierher umgesiedelt hatte. Sie waren hier nicht zu Hause und sehnten sich nach ihrer Heimat wie wir. Dazu waren sie bitter arm und wohnten beengt mit sieben Parteien in diesem Haus, das einst großzügig und herrschaftlich für eine einzige Familie geplant und gebaut worden ist. Die Zimmer unterteilt, die Vorhänge in grellen Farben und geschmacklos – schöne Stoffe waren offenbar nicht zu haben. Der Garten hatte keine Blumen, die Hausmauern sahen schwarz und trostlos aus. Früher wurde in Schlesien selbst das kleinste Häusel im Herbst zur Kirmes weiß gekalkt, und in den winzigen Bauerngärten blühten Rosen und Phlox. Wir nahmen uns vor, ihnen Blumensamen zu schicken, nicht nur Sachen zum Anziehen – meine Tochter notierte bereits Namen und Anschriften –; würden sie die Blumen aber auch aussäen? Sicher hat niemand sie gelehrt, Haus und Garten so zu halten, daß Schlesien wieder das gleiche Aussehen erhielte wie früher . . .

Trotzdem empfanden wir mit diesen armen Menschen eine starke Zusammengehörigkeit, die alle Bitterkeit von vornherein ausschloß. Sie waren vom Leben, vom Schicksal, vom Krieg herumgeworfen worden und lebten immer in dem Bewußtsein, vielleicht am nächsten Tag wieder anderswohin gefegt zu werden. *Sie* konnten nichts dafür, daß es so war, wie es war: Daß wir hier als flüchtige Gäste im Haus unserer Väter einkehrten, Gäste derer, die auch ihrerseits Heimweh haben und gern wieder zu Hause wären.
Wir schieden in Herzlichkeit. Den Garten betraten wir nicht. Er war in winzige Parzellen eingeteilt, wie man vom Fenster aus sah, und in jedem Stück waren armselige, zusammengeflickte Karnickel- und Hühnerställe, schadhafter Maschendraht dazwischen – unser großer, traumhaft schöner Garten, der Garten unserer Kindheit. Die Bäume waren abgeholzt bis auf einen, kein Gras, keine Blume war zu sehen. Hier herumzugehen hätte uns vermutlich das Herz gebrochen. Nein, wir wollten nicht. An der Hintertür des Hauses stand noch das niedrige Mäuerle, an dem der jeweilige Kutscher die Stiefel zu putzen pflegte. Dieses Mäuerle, an dem sich nichts geändert hatte, brachte mich fast um den Rest meiner Fassung. Nein, fort, nichts wie fort!
Es drängte uns zum Schloß. Wir nahmen den Weg über die Terrassen; sie sollen den Anlagen von Sanssouci nachgebaut sein, jedoch schöner gelun-

gen, weil sie steiler sind und das natürliche Gefälle geschickt ausnutzen. Immer waren wir stolz gewesen auf ›unseren Park‹, ›unser Schloß‹, ›unsere Terrasse‹.

Die Figuren am Brunnen freilich, die wir als Kinder so geliebt hatten, waren fort, unter ihnen der Knabe mit der Schildkröte und der Knabe mit dem Delphin. Beide waren aus Bronze gewesen. Ich sehe noch die schönen glatten Kinderleiber, über die der Strahl hinstrich, halb Sprühnebel, halb Wasser, in wechselnder Richtung, je nachdem, wie der Wind stand.

Jeden Sonntag und jeden Mittwoch wurden die Springbrunnen angestellt. Die großen runden Steinbecken, aus denen früher die Fontänen aufstiegen, waren noch nicht beseitigt, obwohl sie beschädigt waren. Hier bin ich Arm in Arm mit meinem Verlobten durch die Laubengänge geschritten; auch die gibt es heute nicht mehr. Hier hatte ich meinen Kindern gezeigt, wie wunderschön der Park, die Anlagen, die Terrasse das Schloß umfingen. Für die Rhododendronbüsche im Park war Camenz berühmt gewesen; leider sind auch sie nicht mehr da und fehlten mir sehr.

Nachdem wir uns alles genau angesehen hatten, alle Einzelheiten mit ›früher‹ vergleichend, stiegen wir schweigend zum Schloß hinauf.

Das Schloß besteht nur noch aus den Fassaden, den Außenmauern; das Innere ist ausgebrannt und starrt leer. Die Mauern jedoch sind nicht ge-

schwärzt, wie wir gefürchtet hatten; sie weisen noch ihren alten Rosa-Farbton auf.
Wir wanderten ringsherum und traten in die Pferdeställe, wo wir noch eine Krippe an der Wand fanden, die man offensichtlich nicht hatte herausbrechen können wie die anderen. Es war die Marmorkrippe für die prinzlichen Pferde. Das Pferd, auf denen die kleinen Prinzessinnen, von uns angehenden Pferdefans glühend beneidet, reiten durften, hieß Ferrah; hier an dieser Stelle hatte es gestanden.
Im Schloßhof war auch noch der marmorne Brunnen vorhanden, in dessen Schacht wir immer hinunterspuckten und zählten: ein-und-zwan-zig zwei-und-zwan-zig drei-und- – bis die Spucke unten aufklatschte. Jetzt führte er kein Wasser mehr; bis über die Hälfte war er mit Steinen angefüllt. Was für einen Grund mochte das haben?
Wir stiegen die trümmerüberschüttete Treppe hinauf und standen auf dem Balkon an der Front des Schlosses, auf dem, wie es früher immer hieß, ein ganzes Regiment Soldaten Platz gefunden hätte. Ein gemütlicher Aufenthalt war dieser Balkon nie gewesen, in seiner Art aber großartig, vor allem wegen des weiten Blickes, den er bot: Man sah von hier aus über die katholische Kirche und das Dorf hinweg zu den Bergen hinüber. Dieser Blick war zu unserer Freude im großen ganzen der gleiche geblieben. Aus solcher Entfernung macht bei den Bäumen ein Altersunterschied von dreißig Jahren

schon kaum mehr etwas aus. Später suchten wir dann auf dem Friedhof nach dem Grab der Großeltern, das wir nach einiger Zeit auch fanden. Meine Schwester, die in Camenz geboren und aufgewachsen ist, sah es als erste. Das hohe dunkle Holzkreuz mit dem Christus daran hatte sich geneigt, doch es stand noch, und solange Grabstein oder Kreuz stehen, wird das Grab dort nicht eingeebnet. Wir konnten die Blumen, die uns Frau Lenz geschenkt hatte, auf den eingesunkenen Hügel legen. Dann saß ich eine Weile etwas abseits und sah zu, wie die Kinder ein wenig Unkraut rupften und die Inschrift säuberten.

›... Des Todes rührendes Bild steht
Nicht als Schrecken dem Weisen
und nicht als Ende dem Frommen.‹

Diesen Spruch aus Goethes »Hermann und Dorothea« hatte sich Großvater als Grabschrift gewünscht.

Wir waren sehr glücklich, das Grab doch noch gefunden zu haben; unerklärlich glücklich eigentlich. Unser Großvater war ein besonderer Mensch gewesen; immer tätig, hilfreich, gütig. Er hatte im Ersten Weltkrieg vier Lazarette zu versorgen; was das bedeutet, kann man sich in normaleren Zeiten nur schwer vorstellen. Im Dorf galt er als der Bürger, der das höchste Ansehen und die höchste Achtung genoß. Heute noch kommt es vor, daß ein Patient älteren Jahrgangs das Sprechzimmer mei-

ner Schwester, der Ärztin, betritt, vor Großvaters Porträt stehenbleibt und betroffen ausruft: »Der Herr Rat! Ja, so habe ich ihn in Erinnerung! Ich habe ihn nämlich noch gekannt; er hat ja unseren Vater operiert.« Oder ein Unbekannter schreibt mir und fragt in seinem Brief an: »Sind Sie wirklich die Enkelin vom Doktor Habel? Dann muß ich Ihnen berichten, daß ich Arzt geworden bin, weil er auf mich als jungen Menschen einen so großen Eindruck gemacht hatte . . .«
Ein eingesunkenes Grab mit einem schiefstehenden Holzkreuz: Ist das alles, was von diesem Menschen und seiner Ausstrahlungskraft geblieben ist? Nein, das ist nicht alles.

Schwer, schwer fiel uns der Abschied von Camenz. Damals, als wir fort mußten, hatten wir heiß gewünscht, einmal wiederkommen zu können. Ob wir das auch gewünscht hätten, wenn wir die Umstände gekannt hätten, unter denen es geschehen würde? Wie gut, wie weise ist es eingerichtet, daß dem Menschen, auch wenn er alles verliert, die Hoffnung bleibt und ihm Kraft verleiht, seinen Weg weiterzugehen. Die Hoffnung, die ganz unten in der Büchse der Pandora ruht, seit Jahrtausenden schon.
Wir fuhren nach Waldenburg. Auch an diese Stadt knüpfen uns vielfältige Erinnerungen. Wir – mein Mann, unsere sieben Ältesten und ich – haben dort vor dem Krieg zwei Jahre gelebt. Wir übernahmen

die Wohnung eines Arztes, unseres Hausarztes, der sich nebenan ein eigenes Haus erbaut hatte. Dieser Hausarzt und langjährige Freund der Familie war der Vater von Dieter und Rosel, meines künftigen Schwiegersohns also und seiner Schwester, unserer jetzigen Reisegenossen. Sie sind also echte Waldenburger, während wir, die sieben ›Kinder‹ und ich, nur ›Waldenburger auf Zeit‹ waren. Aber auch das schafft ja Bindungen, um so mehr, wenn es sich um entscheidende Jahre des Lebens handelt wie Kindheit und glückliche Ehezeit. Unser achtes Kind kam erst auf der Flucht zur Welt.
Das Arzthaus in dem leicht ansteigenden Garten steht noch unzerstört und wohlgepflegt. Ein staatlicher Kindergarten ist jetzt darin. Obwohl sich auch hier manches verändert hat, fanden wir doch noch allerlei Spuren aus ›unserer‹ Zeit. Wir wurden auch eingelassen und von einem freundlichen alten Mann herumgeführt. Nach Herzenslust konnten wir alles anschauen und jeden Raum begrüßen, und unsere Herzen füllten sich mit dankbarer Freude. Wir durften sogar filmen und fotografieren, wovon wir eifrig Gebrauch machten.
An den schönen Räumen mit den hellen Wänden hat sich nichts geändert. Im früheren Schlafzimmer der Kinder ist noch der eingebaute Schrank, auf dessen Türen die Bilder prangen, die sich die Kinder damals gewünscht hatten. Rosel hatte sich eines aus der unverwüstlichen ›Häschenschule‹ gewünscht, die auch meine Kinder sehr liebten, als

sie noch klein waren. In einem anderen Raum war der große Kamin gewesen, vor dem wir Großen unvergeßliche winterliche Abendstunden verbracht hatten. Er war längst überflüssig geworden und entfernt.

Das Wiedersehen mit diesem Haus hatte etwas sehr Tröstliches, und wir alle bedauerten sehr, daß wir den früheren Hausbesitzern, den Eltern von Dieter und Rosel, nichts mehr davon berichten können. Sie sind schon gestorben und liegen weit von ihrem Ursprungsland begraben, in einer Erde, die ihnen lange fremd war und dann doch auch ein wenig zur zweiten Heimat wurde. Unserer Mummi aber, die uns so gern begleitet hätte, würden wir erzählen können und Bilder zeigen und ihr genau beschreiben, wie wir alles vorfanden. Michael, mein zweiter Sohn, ist hier geboren, und die Kirche, in der wir ihn taufen ließen, steht noch. Anschließend fuhren wir aus dem mehr am Stadtrand gelegenen Wohngebiet hinein in die Stadt selbst. Schön war Waldenburg nie gewesen, doch jetzt glich es in beängstigender Weise der Stadt Glatz, die uns so entsetzt hatte.

»Laßt uns zur Andreasbaude hinauffahren«, drängte ich. Ich hatte das Bedürfnis, diesen niederdrückenden Eindruck schnell vergehen zu lassen. »Es kann doch möglich sein, daß sie noch steht, vielleicht . . .« Freundlich gab man meinem Drängen nach, und so machten wir uns schnell auf den Weg.

Eigentlich hatte ich wenig Hoffnung gehabt, dort noch etwas vorzufinden aus den so lange verklungenen Tagen. Als wir dann nach etwa halbstündiger Fahrt oben ankamen – o Freude! o Staunen! o unbegreifliches Wiedersehen! sie stand noch! Unverändert stand sie noch, wo sie immer gestanden hatte, lieblich hingeschmiegt in eine kleine Talsenke, von der die Berge ringsherum anstiegen mit ihren sanften grünen Hängen. Im Hauptraum der Baude waren freundliche Wirtsleute gerade dabei, einen Haufen Stadtkinder abzufüttern, kleine Gestalten, denen man den Ferienaufenthalt hier ganz von Herzen gönnte. Man gab uns die verheißungsvolle Auskunft, daß auch wir in etwa einer Stunde – es war inzwischen fünf Uhr geworden – würden essen können. Ja, drei von uns könnten sogar hier übernachten; den anderen gestattete man, draußen auf der Wiese die Zelte aufzuschlagen. Natürlich, warum denn nicht? Feuer machen? Ja, auch Feuer machen dürften wir ...

Sogar das! O Glück, o Jubel! wir freuten uns wie die Kinder. Meine Schwester, Rosel und ich waren die Auserkorenen, die in der Baude schlafen durften. Vorher aber mußten wir beim Zeltaufschlagen helfen, trugen auch emsig Holz zusammen für unser Feuer und genossen in vollen Zügen das Lagerleben, das hier endlich einmal erlaubt war und nicht wie sonst heimlich vonstatten gehen mußte. Die großen Jungen pfiffen und sangen, und als ich gar zu hilfreich zugreifen wollte, sagte Ernst nicht

unfreundlich, aber bestimmt: »Komm, nimm dir einen Besen und feg inzwischen den Wald!«
Er hatte seine Gründe dafür. In der vorangehenden Nacht nämlich war ich im Schlaf von meiner Luftmatratze gerollt und hatte, auf dem blanken Boden liegend, herrlich weitergeschlafen. Dabei muß ich mir einen handfesten Ischias eingehandelt haben, denn an diesem Tag war ich bei fast jeder Bewegung schmerzhaft behindert. Das Schlimme daran war, daß ich nicht einmal Mitleid erntete, denn Ischias gilt, wie auch der Hexenschuß, nicht als Krankheit. Will man sich bücken und geht, weil einem das nicht gelingt, vorsichtig in die Hocke, so wird man ausgelacht; ebenso erntet man unverdiente Heiterkeit, wenn man hoch will und dabei um Hilfe wimmert. Ich hatte also den Schaden und brauchte daher nicht für den – wenn auch durchaus gutmütigen – Spott zu sorgen.
Es mußte aber Abhilfe geschaffen werden, nicht nur, um dem Spott zu entgehen, sondern vor allem auch, weil wir doch auf die Schneekoppe wollten! Am letzten Tag, so hatten wir geplant, wollten wir das Riesengebirge sehen und wiedersehen und auf die Koppe steigen. »Und wenn ich auf allen vieren hinaufkrieche – ich *muß* mit!« jammerte ich. Die zwei Ärztinnen von der Partie, Schwester und Tochter, wurden um Rat und Hilfe angegangen. Wozu hat man sie auch in der Familie. Und da stellte sich heraus, daß meine Schwester voll weiser Voraussicht ein – in meinem Fall zumindest –

wundertätiges Mittel mitgenommen hatte, keine Salbe, sondern ein Mittel zum Einreiben und Massieren. Zu dieser muskelerfordernden Leibesübung wurde einstimmig mein Schwiegersohn abkommandiert, weil er die größte Kraft hat – er ist Amateurboxer. Diensteifrig machte er sich also daran, mir den Rücken zu massieren. Ich schrie au und weh, während alles um mich her vor Vergnügen brüllte. Ernst hatte die Unverfrorenheit, diese folterähnliche Behandlung seiner Mutter auch noch zu filmen. Als wir uns später zu Haus zum ersten Mal die Filme von unserer Reise ansahen, drückte er abwechselnd den Vorwärts- und den Rückwärtsknopf, und so lief die Massageprozedur unendlich lange über die Leinwand, trotz meines wütenden Protests gegen das respektlose Tun, und die Zuschauer lachten Tränen. Geholfen, aber, wie gesagt, hat die Kur.

Schließlich dann: Lagerfeuer und abendliches Schmausen, das aus einer sehr einfachen Suppe bestand. Doch gibt es dort sehr gute und billige Butter; wir strichen sie dick aufs Brot, streuten Salz und Kümmel darauf und wünschten uns nichts anderes. Für etwas Trinkbares hatten die Männer gesorgt. Mein Schwiegersohn hatte seine Quetschkommode mit, und so konnten wir singen:

»... liegt das Lager auch in weiter Ferne,
doch der Rübezahl hütet es gut ...«

So hatten wir einst in Camenz gesungen, wenn die

Sterne über die Veranda rückten, so singen wir am Lagerfeuer in Schwaben, wenn wir an die Heimat denken. Singen verbindet ein Land mit dem anderen, ohne an Grenzen zu stoßen.

»Jetzt kommt der Schmiedeberger Paß!« Wohl zum siebten Mal gab ich diese Erklärung von mir. Wir befanden uns auf dem Weg zum Riesengebirge. »Der ist so schön, da kommt kein Alpenpaß heran! Ich kenne viele, aber der Schmiedeberger ist die Krone aller Pässe. Immer habe ich mir gewünscht, ihn einmal mit dem Auto hinauf und mit dem Seifenkistel der Kinder wieder herunterfahren zu dürfen. Schrecklich nur: gerade jetzt, wo es soweit ist, fallen mir die Augen zu. Wollen wir nicht noch einmal anhalten und Kaffee kochen?« Dazu waren immer alle bereit.

»Wozu fliegt man eigentlich nach Amerika, wo es hier doch *so* schön ist?« Diese Frage stellte meine Tochter, nachdenklich die Kaffeetasse haltend, die sie auch auf ihren Ritten durch die Rocky Mountains mitgeführt hatte. Sie ließ den Blick rundum über die Landschaft schweifen. Ja, wozu? Die Frage war berechtigt; doch muß man bedenken, daß wir ja jahrzehntelang nicht hierher gekonnt hatten. Wirklich, schön war es hier. Dabei war dies nicht einmal das Riesengebirge, sondern erst das Eulengebirge! Das Schönste sollte noch kommen.

»Wartet nur, ihr werdet es bald selbst sehen ...«

Dieser Refrain war oft zu hören. Begreiflich, daß sich die Erwartungen der Kinder allmählich ins Unermeßliche steigerten, sich womöglich noch höher türmten als meine eigenen. Nachdem wir uns durch das Kaffeetrinken ausreichend mit Kräften versehen hatten, um den kommenden Natureindrücken gewachsen zu sein, stiegen wir wieder ein und fuhren los.

Der Kaffee und die frohe Erwartung hatten uns noch lebhafter gemacht, als wir von Natur schon sind; der eine erzählte Erinnerungen, der andere sang vor sich hin, man machte sich Zeichen von einem Wagen zum anderen hinüber, und auch unsere lieben Ziegen in Wagen Nr. 3 werden allerlei hin und wieder zu meckern gehabt haben.

Da tauchten an einer Kurve nicht gar so weit vor uns plötzlich Häuser auf. Häuser? Was hatten die hier zu suchen? Wir fuhren in eine Ortschaft ein, studierten die Tafel mit dem Ortsnamen: Karpace. Karpace – das ist doch Krummhübel . . .

»Krummhübel? Aber wo ist denn dein überwältigender Paß geblieben, Mutter?« Ja, wo war er geblieben? Wir hatten ihn mit unseren gefühllosflinken Autos hinter uns gebracht, ohne das geringste davon wahrzunehmen! *Die* Enttäuschung! Gelächter gab es, und wohlwollender Spott ergoß sich von allen Seiten über die heimatselige Prahlerin. Der Schmiedeberger Paß, *das* Paßerlebnis meines jungen Lebens, damals zu Fuß erwandert, war im Lauf der Jahrzehnte offenbar zu einem

Nichts zusammengeschmolzen, das man in seiner Bescheidenheit ganz einfach übersah. So ändern sich die Maßstäbe des Lebens; man könnte allerlei Gedanken daran anknüpfen. Hier will ich bei den Tatsachen bleiben: ich machte das dümmste Gesicht, das mir zur Verfügung steht.
An diesem Tag durfte ich in Schwiegersohns Wagen sitzen. Wir sprachen unwillkürlich alle wieder schlesisch, er, seine Schwester und ich. Unter Schlesiern kommt einem der heimatliche Dialekt sofort wieder auf die Zunge. »Nu satt ocke –« wer versteht schon, was das heißt! Und: »Suste nischt ock heem . . .«
Meinen Wagen hatten wir vorausgeschickt, damit er Quartier macht; hatten uns doch unsere Freunde auch einen pensionierten Lehrer in Krummhübel genannt, der Zimmer vermietet; vorsichtshalber hatte ich schon von zu Hause an ihn geschrieben. Sie machten ihn ausfindig, doch einen Brief hatte er nicht bekommen. Trotzdem machte er uns ein Zimmer frei und stellte seinen Garten für Wagen und Zelte zur Verfügung. Aus dem Garten dieses freundlichen Mannes durfte ich Erde mitnehmen für alle Schlesier in unserem Schwabenstädtchen; die Mummi bekam welche vom Grab. Eine Sentimentalität, mag man sagen. Mir war sie ein Herzensbedürfnis, und bei allen, denen ich etwas davon mitbrachte, habe ich Freude ausgelöst.
Auf Hirschberg mußten wir leider verzichten. Ich habe es immer geliebt und auf allen Reisen dorthin

bewundert, vor allem den schönen Ring mit seinen Laubengängen, denen in Bozen ähnlich, ach, und die Gnadenkirche! Sie hat jene Flüsterecke, die uns als Kinder so entzückte: man steht in halber Höhe auf der Empore und flüstert in einen Winkel hinein, so leise man kann; dieses Flüstern hört man in der ganzen Kirche nicht, wohl aber in dem Winkel, der einem diagonal gegenüberliegt. Dort muß sich der Partner aufstellen, dem das Wunder vorgeführt wird. Wie haben wir immer gelacht, wenn wir mit jemandem dort waren, der das noch nicht kannte und den man damit hinters Licht führen konnte!

Davon erzählte ich, während wir weiterfuhren. Alle wehmütigen Erinnerungen waren jetzt überwunden, frei und erleichtert konnten wir uns aus ganzem Herzen auf den nächsten Tag freuen, aufs Riesengebirge, auf die Koppe. Schon Krummhübel stimmte uns froh. Dieses Städtchen, der Einstieg in das geliebte Gebirge vom Osten her, ist schön gehalten, sauber, freundlich, ein bißchen zwar Aushängeschild, doch störte uns das nicht. Wir suchten nach dem hölzernen Rübezahl, der seinerzeit am Bahnhof grüßte: »In mein Reich!« stand schön geschnitzt darunter. Er war nicht mehr da. Sollte er jetzt woanders wohnen, wie wir? Vielleicht sollten wir mal nach ihm rufen, auch wenn wir damit riskierten, daß er uns dann ein Bein stellte? Wenn es doch erst morgen wäre! Wir fieberten danach, loszulaufen, ich kam mir trotz Ischias vor wie ein

Rennpferd kurz vor dem Hochfliegen des Startbandes. Hinauf auf den Kamm, hinauf auf die Koppe – am liebsten wäre ich schon am Abend losgerannt.

Meine Kinder waren noch klein, als wir in Waldenburg wohnten, aber ich habe sie damals erbarmungslos mitgeschleppt. Meine Großen schildern manchmal, wie ich die Rodelbahn hinaufkeuchte, zwei Kinder rechts und links an der Hand und zwei an den Rockfalten. Ich trug, das weiß auch ich noch, damals ein Dirndlkleid aus weißblauem, gottlob kräftigem Stoff, von der Mummi ›geerbt‹.
»Wir sind gleich oben. Sobald die Bäume kleiner werden, sieht man schon die Hampelbaude, und dann geht es oben weiter, immer den Kamm entlang, bis zur Koppe. Da läuft es sich ganz leicht, die Luft ist dort wie Sekt, die Beine rennen von allein. Ihr werdet schon sehen«, tröstete ich immer wieder.
Aber die Beine der Kinder liefen keineswegs von allein, sie waren ja noch kurz, die Rucksäckel, so winzig sie waren, drückten, die Füße wurden wund im unzureichenden Schuhwerk.
»Ihr dürft erstmal bissel im Bach planschen«, erlaubte ich schließlich und führte die vier an den Bach, der rechts von der Rodelbahn bergabtost, über weiße Steine hinweg, gletscherkalt und klar. Das ließen sie sich nicht zweimal sagen. Schuhe aus und hinein! So wie sie sich jetzt auf einer Ame-

rikareise die brennenden Füße im Gran Cañon kühlten, als sie die fünfzehnhundert Meter hinuntergestiegen waren, so taten sie es damals im Riesengebirge. Ich stand bei ihnen und machte Aufnahmen mit meiner narrensicheren AGFA-Box, die man damals für vier Mark bekam, wenn man vier Markstücke mit A, G, F, und noch einmal A dafür fand.
Die Kinder von diesem Spielplatz wieder wegzulocken und weiter aufwärts zu zerren, kostete dann freilich doppelte Mühe. Es gelang mir aber doch, und endlich kam auch der Moment, wo wir, die Baumgrenze hinter uns lassend, die Hampelbaude sahen, zum Greifen nahe. Und von da aus war es nicht mehr weit bis zum Schlesierhaus, das am Fuß der Koppe liegt.

All das kam mir vor, wie wenn wir es erst gestern erlebt hätten, als ich nun in Krummhübel stand, um nichts gebessert oder vernünftiger geworden, noch immer genauso süchtig danach, hinaufzusteigen in den Kammwind, in den bitteren Geruch der Latschen, in dieses unbeschreiblich dunkelgoldene Licht, das dort oben herrscht und von dem man nicht weiß, wie es entsteht. Zu erklären ist es nicht; doch unverkennbar leuchtet es über dem Kamm, in der Farbe von Cognac etwa oder dem Holz alter Geigen. Morgen, morgen!
Unser Pan Josef – seinen anderen Namen konnten wir nicht aussprechen – hatte noch andere Gäste

bei sich, Dauergäste aus der DDR, die hier jährlich ein paar Ferienwochen verbrachten. Sie sprachen deutsch, natürlich – sogar sächsisch! Wir lachten und antworteten ebenso, denn das können wir auch. Ein paar Schuljahre in Leipzig lassen sich eben nicht verleugnen. Die Dame war Lehrerin, ihr Mann Schäfer auf einer Kolchose, und natürlich kannten wir auch ihren Heimatort. Wir verstanden uns gleich recht gut und unterhielten uns vergnügt.

Die beiden versprachen, am anderen Morgen mit auf die Koppe zu steigen. Es gäbe jetzt eine Seilbahn, berichteten sie, mit der man ein Drittel des Aufstiegs bewältigen könne, falls man die Geduld habe, lange genug Schlange zu stehen. Rosel mit ihrem gegipsten Fuß und ich, die Ischiasgeplagte, beschlossen, davon Gebrauch zu machen und das Stück zu schweben. Zwar habe ich immer etwas Herzklopfen, wenn ich in die Lüfte geführt werde, sei es per Flugzeug, sei es per Lift; ich bin in meinem Bestreben, die zwei Füße auf der Erde zu behalten, völlig altmodisch.

So machten wir uns am anderen Morgen getrennt auf den Weg: Frau ›Schäfer‹, wie wir sie nannten, Rosel und ich zur Seilbahn, die anderen über den Hang zum Schlesierhaus hinauf. Den Bergsteigerkuchen haben wir natürlich – o Jammer! – vergessen.

Auch wenn man sich durch die Seilbahn ein Stück Weg ersparte – weit genug war es noch immer. Wir schnauften, wie es sich bei so einem Aufstieg gehört, obwohl wir nicht wie in alten Zeiten Skier und Rucksäcke zu schleppen hatten.

Jetzt ließen wir uns, nachdem wir lange genug gewartet hatten, von einem freundlichen Beamten in den fahrenden Sessel hineinbugsieren. Nicht sehr hoch über der Erde, so daß man jedes Kraut unter sich erkennen konnte, schwebten wir bis zur »kleinen Koppe« bergauf. Dort half einem wiederum ein beamteter Pole aus dem Sessel und schwenkte einen dabei herrlich wild herum; dann ging es noch eine halbe Stunde aufwärts, dem Schlesierhaus zu. Dort erwarteten wir die anderen. Es war noch das alte, nicht sehr gemütliche Gebäude; immerhin gab es Kaffee oder Grog oder Suppe zum Aufwärmen, und man brauchte nicht einmal lange anzustehen. Wie immer blies es draußen so, daß wir froh waren, drinnen warten zu können. Wir setzten uns an ein Fenster und winkten fröhlich, als wir die anderen kommen sahen.

Rosel wollte nicht mit auf die Koppe, sie hatte ihren Fuß ohnehin schon überfordert. So konnten wir alles Gepäck bei ihr lassen. Ich erzählte ihr, wie wir einmal mit Skiern von den Lahrbauden aus hierher gefahren und in einen solchen Sturm geraten waren, daß wir uns in den Windschatten der Baude retteten, während einer von uns, Wolfgang, – ich sehe es noch wie heute! – abgetrieben wurde von dem Blasius, der ums Haus tobte, und einfach nicht bis zu uns zurückkonnte. Hier auf dem Kamm ist man so exponiert, daß der Sturm einen buchstäblich davontragen kann. Wolfgang warf sich schließlich, weil nichts anderes half, auf alle viere nieder, und wir streckten ihm einen Ski entgegen, an den er sich anklammerte; so konnten wir ihn schließlich glücklich zu uns herüberziehen. Oben auf dem Turm der Koppe befindet sich ein Schalenkreuz, das schon bei gewöhnlichem Wind derart schnell rotiert, daß man es seiner Form nach nicht erkennen kann. Als ich früher einmal im Sommer oben war, drehte es sich ganz langsam, so daß man die vier Schalen an den Enden der Streben deutlich in der klaren Luft erkennen konnte. Das war für mich erstaunlich gewesen; einen so windstillen Tag gibt es sicherlich höchstens ein-, zweimal im Jahr.

Zur Stunde blies es normal, es war ein frischer, kalter, wie immer etwas nach Gletscher schmeckender Wind. Ob in manchen Schrunden wohl noch Schnee lag, in den Schneegruben oder am kleinen Teich oder im Aupatal? Wir hoben die Gesichter dem Wind entgegen. Vom Schlesierhaus aus sieht man den Zickzackweg bis oben hin, das macht einem den Aufstieg leicht. Immer übersieht der Wanderer, wie weit er schon ist und wie er mit jedem einzelnen Schritt dem Ziel näherkommt.

»Wie lange braucht man?« fragten die anderen.

»Fünfundzwanzig Minuten«, gab ich zur Antwort. Es wurden dann allerdings fünfunddreißig daraus

– es fehlt wohl doch schon der alte Schwung von damals.
Alles Gepäck, sogar die Schultertaschen, hatten wir bei der Rosel zurückgelassen. Wie leicht steigt es sich ohne Ballast, das Ziel, das ersehnte, so nah vor Augen! An den Kehren sind wir früher manchmal gekrochen, um nicht hinuntergeblasen zu werden. Das hatten wir heute gottlob nicht nötig. Und dann langten wir oben an.
Der alte Turm steht noch; das Holz der Verschalung ist jetzt in jenes Silbergrau übergegangen, das auch die alten Bauden tragen. Man hatte daneben ein Café errichtet, hochmodern, ein Rundbau mit viel Glas. Es gelang uns, diesen störenden Fremdkörper zu übersehen. Wir sahen dafür andere Dinge.
Wir sahen den Riesengrund tief tief unten. Manchmal ist er so voll Nebel, daß man meint, er sei mit Wasser gefüllt, und man könne vom Kamm aus mit einem Kopfsprung in diese weiche Substanz hineintauchen. Auf der anderen Seite der steile Abfall nach Schlesien hin: der Zobten, die Striegauer Berge, der Kynast. Wir haben großes Glück: Selten ist es so klar wie an diesem Tag.
Wir stehen und sehen hinunter, ohne uns an dem Anblick sättigen zu können. Das bräunliche Licht – da ist es wieder. Der Kammwind – da weht er. Und die Düfte: selbst die Steine zu unseren Füßen strömen Düfte aus. Unverwechselbar ist das alles. Wer es nicht glaubt, ist nie auf der Koppe gewesen.

›Schlesierland, du Länderkrone‹ – daß einem doch immer Lieder und Zitate einfallen, die einen um Kopf und Kragen bringen und das Wasser in die Augen schießen lassen, gerade wenn man unter gar keinen Umständen heulen darf – wie hier, wo man sich hingewünscht hat fast drei Jahrzehnte lang ... Keiner heulte. Jeder war auf seine Weise mit sich und dieser Umwelt beschäftigt. Ich stand und dachte an die, die jetzt nicht mit hier waren und in deren Vertretung gleichsam wir dies alles in uns aufnehmen konnten: die vielen, die schon hinübergegangen waren, und die, denen wir noch würden berichten können. Immer neue fielen mir ein. Wie viele leben mit dem Gedanken, dem Wunsch: Ein einziges Mal noch auf der Koppe stehen!
Hinunter wanderten wir dann den ›Jubiläumsweg‹. Dort braucht man nicht bei jedem Schritt auf die Wegbeschaffenheit zu achten; immerzu, ohne Unterlaß kann man nach Schlesien hinübersehen, auf den Kamm, nach Böhmen hin. Welch eine Gnade, daß der Mensch Augen besitzt!
Jetzt aber, plötzlich, packte es mich: ich rebellierte. Ich wollte nicht mehr nur mittrotteln und die anderen entscheiden lassen, nein, Schluß damit, damit war es nun aus! Jetzt wollte *ich* bestimmen, wohin es gehen sollte – nämlich über die ›Hampelbaude‹ hinunter! Die ›Hampelbaude‹ wollte ich wiedersehen, und die anderen sollten sie kennenlernen. Nach ihr habe ich ja den Anbau an unser Holzhäuschen in Schwaben genannt. Über die Ein-

gangstür haben wir ein Brett genagelt, in das wir HAMPELBAUDE eingebrannt haben, jeder durfte einen Buchstaben brennen. Mögen Besucher sich wundern, was dieses Wort hier soll! Der eine fragt, der andere nicht. Kein Mensch dort weiß ja, was ›Baude‹ bedeutet.

Die Hampelbaude also *mußten* wir begrüßen. Der Weg führte, wie früher, auf dem Kamm entlang, rechts und links von dichtem Latschengesträuch eingefaßt. Er ist jetzt gepflastert; früher war er das nicht. Von uns elfen waren bereits sechs fußkrank. Egal, jetzt wurde marschiert. Hier wandert es sich von selbst, ganz so, wie ich es vor dreißig Jahren den Kindern schilderte.

Man geht dort genau auf der Grenze entlang. Als zwei von uns einmal vom Weg absprangen, um ein paar Latschen abzubrechen – ihr bitterer Geruch ist für uns so unverwechselbar mit dem Riesengebirge verbunden –, tauchte sofort ein Uniformierter mit Maschinenpistole auf. Kleinlaut kehrten die beiden auf den Pfad der Tugend zurück. Langsam, langsam, in Windungen, ging es bergab, und ich spähte nach der Hampelbaude aus.

Dort hatten wir uns früher immer versammelt, wenn wir, von Krummhübel her kommend, über den Kamm wollten, ins Böhmische hinein; und auf dem Rückweg auch. Einmal waren wir, eben auf dem Rückweg, am Brunnberg in einen Schneesturm geraten, der alle Sicht nahm, manchmal sogar von einer Markierungsstange zur anderen. Am nächsten Tag stand in der Zeitung: »Der Orkan machte den Aufenthalt im Freien unmöglich.« Ich besinne mich noch gut, wie ich, atemlos vor Anstrengung, an jeder Stange anhielt, mich anlehnte, nach Luft schnappte und die seltsamsten Visionen erlebte, ehe ich mich die fünf Meter bis zur nächsten Stange weiterkämpfte. Vor langer Zeit, als es noch keine Stangenmarkierung gab, ist der Wirt der Wiesenbaude, den ein ähnlicher Sturm überrascht hatte, fünfzig Meter von seinem eigenen Haus entfernt erfroren. Dort steht heute noch ein großes Kreuz aus Eisen. Daraufhin hat man auf dem Dach der Wiesenbaude einen Scheinwerfer angebracht, der an solchen Tagen rundum leuchtete. Bei Schneesturm aber sah man ihn doch nicht.

Auf einer dieser Touren hatte sich bei meiner Schwägerin ein Ski gelöst und war ihr abgeglitten, in die weiße Dämmerung hinein, den Brunnberg hinunter. Sie schmiß wütend und verzweifelt den anderen hinterher. Mit ihren Skistöcken als Stützen kam sie bei der Hampelbaude an, wo wir nacheinander eintrafen.

Hatte man endlich den sicheren Hafen, die Hampelbaude, erreicht und wollte eintreten, so tönte es von innen: »Schnee draußen abmachen!« Vor der Tür befand sich, wie bei allen Bauden, ein überdachter Vorraum, in dem Strohbesen und -bürsten bereitstanden. Damit schabte man sich dann das Schlimmste vom Skianzug, doch brachte man immer noch genug Nässe mit herein.

Ja, und dann trat man ein! Drinnen war es warm, rauchig und urgemütlich und für alle unsagbar beseligend, da zu sein. Die letzten, die allerletzten Groschen – wir waren damals alle sehr arm – wurden in heißer Suppe angelegt.
›Hoppla, wir leben!‹ war zu jener Zeit der Titel einer Revue. Kein Wunder, daß wir einander so begrüßten.
In der Hampelbaude gab es früher einen Zitherspieler, der an einem der Tische saß, spielte und sang. Alles sang mit. ›Blaue Berge, grüne Täler‹ – das Riesengebirgslied. Kann jemand die Hochstimmung nachfühlen, die uns erfüllte, wenn einer nach dem anderen sich aus dem sausenden Sturm in die Baude rettete, selbst wenn er, wie meine Schwägerin, die Skier eingebüßt hatte?
Vor dem Überstieg über den Kamm, der ja durch die schweren Rucksäcke auch nicht gerade erleichtert wurde, hatte ich die männlichen Teilnehmer dieses Winterlagers, wie wir es nannten, warm eingepackt, damit sie sich nicht die Gesichter erfrören. Wir waren meist nur zwei Mädchen, sonst lauter Jungen, und da fühlte man sich für die männlichen Teilnehmer verantwortlich. Sehr praktisch war es, sich den Schal an die Mütze zu nähen, ums Gesicht zu wickeln und dann hinten zusammenzubinden, wobei nur zwei Schlitze für die Augen ausgespart wurden. Auf diese Weise war ich selbst ›unverfroren‹ herübergekommen. Einer aus unserem Kreis, ein schon etwas älterer Schlesier, hatte meine Hilfe

hochmütig abgelehnt: »Ich bin doch kein altes Weib!« Er bekam seine Quittung – ja, der Rübezahl läßt eben nicht mit sich spotten! –: Die eine dem Sturm ausgesetzte Gesichtshälfte war ihm so erfroren, daß sie bald dunkelbraun und dann lila wurde und nur langsam wieder verheilte. So hatte er zu dem Schaden auch noch den Spott zu erleiden. Die meisten kamen mit einem ›Maulkorb‹ in der Baude an, vereister, zusammengepappter Atemluft ums Kinn, die bisweilen noch durch einen Eiszapfen verlängert wurde. Das wirkte auf die anderen unsagbar komisch. Wir schälten einander aus den Hüllen und lachten, wie nur leichtsinnige Jugend lachen kann, die gerade knapp eine große Anstrengung hinter sich gebracht hat.

Dies alles erzählte ich, während wir wanderten, bis wir linker Hand, ein wenig tiefer gelegen, etwas durch die Latschen schimmern sahen, ein grelles Hellgrün. »Da! Kann das ...«

Wahrhaftig, das war sie! Das war die Hampelbaude, und zwar die alte! Nur das Dach war neu gestrichen, hellgrün, wie ganz heller Grünspan. Gleichgültig, das Gebäude war noch das alte! In höchster Eile rannte ich darauf zu, und hier war wirklich alles noch so, wie es früher gewesen war: der windgeschützte Vorplatz, die Eingangstür, der große gemütliche Raum! Es roch sogar noch wie damals, nach Holz nämlich und Erbsensuppe und vielen Menschen. Wenn jetzt auch noch der Zitherspieler angestimmt hätte ...

Aber der Mensch kann nicht *alles* verlangen. Ich strahlte vor Seligkeit, erzählte und beschwor die alten Zeiten wieder herauf. Und dann ging es die Rodelbahn hinunter, nicht auf Skiern, wie damals, sondern schön zu Fuß, doch vergnügt und glückessatt. Dieser Weg war zur Zeit unserer ›Winterlager‹ immer die letzte Abfahrt gewesen, und da wir Rucksäcke trugen, ging sie fast bei keinem ohne Purzelbäume vor sich. Man zählte, wie oft man kugelte, und unten angekommen, sah man wie ein Schneemann aus. Bei ›Dreihaupts Hotel‹, kurz vor Brückenberg, gab es noch eine beliebte ›Wellenschaukel‹, ein paar Straßenschwellen, die einen aushoben; dort standen die schon Angekommenen und johlten, wenn es die anderen noch einmal schmiß. Ob ›Dreihaupts Hotel‹ noch stand?
Erst jetzt besannen wir uns darauf, daß wir, talentiert wie wir waren, den Bergsteigerkuchen im Auto vergessen hatten. Mein Schwiegersohn und seine Schwester Rosel hatten heimzu die Schwebebahn gewählt; so hofften wir, daß sie uns unten mit dem Kuchen und mit frischgekochtem Kaffee empfangen würden. Ja, ›wenn die Hoffnung nicht wär'‹! Die Rodelbahn ist ein unbequemer Abstieg, und wir alle plagten uns, in unseren nicht sehr zweckmäßigen Schuhen nach vorn rutschend, ihn zu bewältigen und brauchten einen in greifbarer Nähe winkenden Trost. Die ›Ziegen‹ suchten, seitwärts springend, nach Beeren, ihr fröhliches Gemecker war weithin zu hören. Es gab viel Geläch-

ter; auch fehlte es nicht an einiger Bewunderung, daß wir die Abfahrt hier früher mit Skiern gewagt hatten. Freilich, so schnell wie die heutigen waren unsere bescheidenen Eschenbrettel damals noch nicht; dafür aber fuhren wir mit Gepäck.
Endlich, endlich Brückenberg, endlich Krummhübel! Wir schwenkten in die Nebenstraße ein, in der unser Pan Josef wohnt, und riefen nach Rosel und Dieter. Keine Antwort. Wir fragten unseren freundlichen Quartierherrn. Sie seien noch nicht zurück, lautete seine Auskunft. Dabei hatten sie doch die Autoschlüssel eingesteckt, um uns mit fertigem Kaffee empfangen zu können!
Da saßen wir nun, fußkrank, erschöpft, hungrig, und konnten nicht an unsere Vorräte heran! Einer machte ein dümmeres Gesicht als der andere. Hunger – unsere Generation hat ihn noch kennengelernt. Aber richtig gespürt hatten wir ihn sicherlich jahrelang nicht mehr.
Endlich gelang es Ernst, eines der Autos zu knakken, ohne es zu beschädigen – er ist nämlich Jurist. Es war sogar das richtige, in dem die ersehnten Vorräte lagen. Heraus also mit dem Kuchen, heraus mit dem Kaffeekessel! Wir waren so richtig mitten in unserer Geschäftigkeit, da kamen die beiden Vermißten. Sie hatten am Lift so lange warten müssen. Gleich darauf roch es bitter und herrlich; der Kuchen wurde genau nach Vorschrift in pralinengroße Stücke zerlegt und verteilt. Wie köstlich er schmeckte!

Dies alles ereignete sich an einem Sonntag. Daraus ergab sich ein Problem: wir mußten ja noch tanken, um bis zur Grenze zu gelangen! Das klingt zwar ganz einfach und selbstverständlich, hatte aber doch einen Haken: sonntags haben Tankstellen, wie übrigens auch Gaststätten, ab fünf Uhr nachmittags geschlossen. Zum Glück gelang es Ernst, einen Tankwart zu überreden, daß er seinen und Dieters Wagen noch ›labte‹; der dritte besaß noch ausreichend Vorrat. Aber kaufen konnten wir nichts mehr, und wir mußten uns doch allmählich darum kümmern, unsere restlichen Slotys umzusetzen, ehe wir heimfuhren! Zurückgetauscht wird nämlich nicht, und wir alle hatten sparsam gelebt.

»Wieviel hast du denn noch?« fragte mich Ernst, düsterer Ahnungen voll. Ich gestand: zweimal fünfhundert.

»Du Unglückliche!« rief er entsetzt.

Auch Gudrun gestand uns sehr kleinlaut ihr Pech: Sie hatte sich an einem Kiosk, nur um Slotys loszuwerden, einen Pullover erstanden, der ihr weder gefiel noch paßte. Und nicht nur das. »Tante Lise«, flüsterte sie mir zu – sie ist die einzige, die mich so nennt – »mein Geld ist immer mehr geworden!« Man hatte ihr wohl falsch herausgegeben, und bei dem fremden Geld war ihr das nicht gleich aufgefallen.

»Unbedingt müssen wir etwas zum Kaufen finden«, sagte Ernst, zum Letzten entschlossen. »Es kann scheußlich aussehen, schlecht schmecken, völ-

lig unnütz sein und schwierig zu transportieren – Hauptsache, es ist teuer!« In solchem Konflikt hatte bisher keiner von uns in seinem Leben gesteckt.
Wir suchten nun in den umliegenden Ortschaften, ob es vielleicht eine Gaststätte gäbe, die geöffnet hätte – vergebens. Während wir so hin und zurückfuhren auf unserer Suche, fragte ich immer wieder drängend: »Und die Kirche Wang? Kennt eigentlich jemand von euch die Kirche Wang? So gern würde ich die Kirche Wang wiedersehen ...«
Mein Wunsch entwickelte sich schon fast zu einer Zwangsvorstellung. Schließlich gelang es mir, die Gesellschaft zu einer Abstimmung zu überreden. Ergebnis: fünf *gegen* und sechs *für* Wang. Die sechs, zu denen natürlich auch ich gehörte, stiegen mit eingezogenen Köpfen aus den Autos, um zu Fuß zur Kirche Wang zu trippeln, einer Kirche, die möglicherweise gar nicht mehr existierte – und dann würden sie die Schuld an dieser unnützen Verzögerung auf sich zu nehmen haben. Mein Gewissen war zweifellos sehr schlecht. Mancher Wahlsieg gereicht nicht zur Freude. Knurrend folgten nun auch die anderen.
Eine Viertelstunde Weg, und unser Ziel war erreicht. Und siehe: sie stand noch, ›meine‹ Kirche Wang! Da war jeder Streit sofort vergessen.
Mir kam eine Schlesien-Schallplatte in den Sinn, die mir meine Schwester einmal schenkte, und die mit dem Geläut dieser Kirche beginnt. Dann wird ein Gedicht gesprochen. Es ist eine Weihnachts-

platte, wie die meisten dieser Art ein klein wenig sentimental, aber doch lieb und – nun, eben schlesisch.

›Ich grüße Dorf und Stadt,
jedes Haus, das heute seinen Christbaum hat‹,

heißt es da, und zum Schluß:

›Ich grüße das Kirchlein im eisigen Wind
und alle die Gräber, die einsam sind.‹

Schweigend standen wir vor der kleinen Holzkirche, die einer der Hohenzollern aus Norwegen mitbringen und hier wieder aufstellen ließ, denn sie sollte dort oben abgebrochen und verheizt werden. Sie ist trotz ihrer Verpflanzung aus einem anderen Land und trotz ihrer auffallenden Fremdheit später ein Wahrzeichen des Riesengebirges geworden. Vielleicht hat auch gerade ihre Besonderheit, die ›fremdelnde‹ Einsamkeit in unserer vertrauten Heimatlandschaft zu der Liebe beigetragen, die alle beim ersten Anblick zu ihr faßten.
Heute drang Orgelmusik aus dem Kircheninneren. Es gab gerade ein Konzert, und so konnten wir nicht hinein.
Das focht uns aber nicht an. Wir hatten sie gefunden, gesehen; sie steht noch, und man kann zu ihr hindenken. Die fünf, die dagegen gestimmt hatten, sie noch zu suchen, sahen uns jetzt dankbar an. Keiner von uns möchte diesen Besuch missen.
Ein lustiger Abschluß dieses bewegten Tages stand

noch bevor. Wir fuhren nach Schreiberhau. Ganz in der Nähe, in Agnetendorf, hat Gerhart Hauptmann gelebt. Sein Werk hat unsere Kindheit und Jugend begleitet und später die meiner Kinder. Mit welcher Teilnahme haben wir die »Weber« und die »Ratten« gelesen, wie lachten wir über die Mutter Wolffen im »Biberpelz«, wie sehr liebten wir die »Versunkene Glocke«! Heute noch kann ich ganze Partien aus diesem Märchenspiel mit Rautendelein und der Puschgroßmutter, die so herrlich auf schlesisch schimpft, wörtlich auswendig, aber auch die Monologe des unglücklichen Glockengießers Heinrich. In dieser Landschaft hat Gerhart Hauptmann gelebt, seine Stücke diktiert, zum Kamm hinaufgeschaut, wenn die Wolkenschatten übers Hohe Rad flogen oder der Schnee heruntergleißte.
Viele Dichter hat Schlesien uns geschenkt: Eichendorff – sein Lied »Mich brennt's in meinen Wanderschuhen« wird jetzt wieder gesungen. Hermann Stehr, Friedrich Bischoff, Joseph Wittig, der aus Neurode stammt, einem kleinen Ort zwischen Waldenburg und Camenz; den großen Mystiker Jakob Böhme und den lustigen, phantasiebegabten Paul Keller – sie alle hatten wir im Sinn. Auch an Hans Scholz dachten wir, und wie sehr sein Koslowsky sich in Heimweh nach Schlesien verzehrt. Wir beschlossen, ihm einen Gruß zu schicken, sobald wir wieder zu Hause sein würden.
Wir hielten in Schreiberhau, und unverhofft fan-

den wir noch ein großstädtisch-weltmännisches, feines Hotel geöffnet, das sogar einen beleuchteten Parkplatz besaß.

So zupften wir unsere durch acht Reise- und Wandertage leicht beschädigte Eleganz ein wenig zurecht und traten ein. Wahrhaftig, hier konnte man essen und sogar etwas Gutes trinken. Bis in den Tanzsaal hinein – dazulande scheint Essen und Trinken überall mit Tanzen gekoppelt zu sein – trauten wir uns nicht, und den eleganten Kellnern schien das nur recht zu sein. Sie wiesen uns in einer Art Vorflur einen etwas bescheideneren Tisch an, der jedoch sehr hübsch gedeckt und hell beleuchtet war und auch für uns alle reichte. Wohlgelaunt nahmen wir Platz. Was wollten wir mehr!

Feine und guterzogene Menschen wie wir fragen natürlich nicht: »Was ist das Beste und Teuerste, das Sie uns bieten können?« Doch gelang es Ernst auch so, bald das Erlesenste herauszufinden, was dieses Haus führte: er bestellte Hähnchen und Krimsekt, anderen gab es nicht.

Krimsekt hatte ich noch nie getrunken – doch schmeckte er mir wie auch den anderen auf Anhieb. Und köstlich waren erst recht die Hähnchen, die man in dem erhebenden Bewußtsein genoß, daß solche Völlerei durchaus der Vernunft, ja dem Gebot der Stunde entsprach.

Leider konnten wir dort nicht auch noch übernachten. Auf die Weise hätten wir auch den letzten Sloty noch ausgeben können; doch mit elf Personen

hat man wenig Chancen, unangemeldet Unterkunft zu finden. So fuhren wir also gestärkt und zufrieden weiter und erreichten nachts um zwei Uhr die Grenze.
Waren wir nicht ein verdächtiger Haufen? Es scheint nicht der Fall gewesen zu sein. Eine kindhaft junge, in ihrer Uniform reizend aussehende Zollbeamtin samt zwei männlichen Kollegen fertigten uns aufs freundlichste ab. Das wirkte wie Balsam auf unsere offenen Wunden: ›Nun ade, du mein lieb Heimatland . . .‹ Wir winkten ihr beim Anfahren zu, und sie winkte uns nach.
Schlesien lag hinter uns.

Geliebtes Land. Wir haben dich in deiner Schönheit und Blüte gekannt, und wir lieben dich jetzt in deinem grauen Kleid, an dem du nicht schuld bist, nicht einen Deut weniger. Im Gegenteil: eigentlich ist uns die Tiefe unserer Liebe zu dir erst durch die schmerzliche Trennung so recht bewußt geworden. Liebe schließt ja die Schmerzen mit ein. Vielleicht blühst du einmal wieder auf und wirst wieder, was du einst gewesen bist. Für uns, die wir dich wiedersehen durften, bist und bleibst du das schönste Land der Welt, das wir im Herzen tragen, solange wir leben.
Schlesierland, geliebte Heimat!

In dieser Nacht kamen wir erst spät zu unserer Nachtruhe; es war nicht mehr lange bis zum Morgengrauen. Wir hatten noch ein Stück der Reise hinter uns bringen wollen, damit wir am nächsten Tag nicht gar zu lange unterwegs sein mußten. Diesmal schlief ich nicht in einem Bett oder im Zelt, sondern – im Auto. Darin bin ich schon bewandert. Ich kuschelte mich auf meiner Rückbank zurecht und war froh, mit meinem infernalischen Schnarchen niemandem den Schlaf zu rauben.

Als ich erwachte, blitzte die Sonne im Tau. Auf Ernsts Wagen stand eine Sektflasche, die ihm das Aussehen eines Polizeiwagens verlieh. Ich bekam Kaffee gereicht und durfte mich dann, nachdem alle ehrenwörtlich versichert hatten, sie würden sich nicht umdrehen, im tauigen Gras wälzen. Rosel brutzelte auf einem Spritkocher Rührei aus schlesischen Eiern; sie dufteten bis zu mir her. Ist das ein Tagesanfang?

Wir waren an diesem Morgen kälbrig wie kleine Mädchen. Nach all unseren Erlebnissen freuten wir uns plötzlich, wieder heimzukommen, dorthin, wohin wir jetzt gehörten. Die einen freuten sich auf ihre Arbeit, die anderen auf Verwandte und Freunde, denen man berichten würde; die ›Ziegen‹ freuten sich auf den Rest ihrer Ferien, und ich war froh, die Enkel und unsere Pferde wiederzusehen, mein Haus und den Besuch darin. Wir machten Pläne, wann wir uns treffen wollten, um Filme und Dias anzusehen; wir schwatzten und lachten – und ahnten nicht, daß uns noch die Morgenstunde einen hübschen Schrecken in die Gebeine jagen sollte.

Als wir nämlich die letzte Grenze bei Nachod überschreiten wollten, die wir schon kaum mehr ernst genommen hatten, fehlte ein Papier. Wem denn? Nun, wem wohl – mir! Ausgerechnet mir, der Würdigsten, der Verantwortungsbeladenen, die ich doch immer und immer wieder geblättert und geprüft hatte, ob auch alles beisammen war, die ich alles in einem großen Umschlag bei mir getragen, gehütet und dauernd danach gefühlt hatte! Aber bei den vielen Kontrollen gibt man halt hin, was man hat, unfähig zu beurteilen, ob das, was einem zurückgereicht wird, auch vollständig ist. Wir konnten das Polnische ja auch gar nicht lesen!
Wehe! Was würde nun passieren?
»Kann Ihnen nicht lassen«, sagte der Grenzbeamte. Er sprach wenigstens etwas Deutsch, während wir seine Sprache überhaupt nicht konnten. Ich war das schwarze Schaf der Herde. Zwar beteuerte ich hoch und heilig, daß ich in allem höchste Ordnung hätte walten lassen, doch war im Grunde jeder von uns, auch ich selbst, davon überzeugt, daß ich bös geschlampt hatte.
O Heiliger Antonius, hilf uns noch einmal, nur dieses letzte Mal noch!
Wir versuchten, den Beamten so weit zu bringen, daß er bei der letzten Grenz-Kontrollstation anrief, ob dort ein Papier zurückgeblieben sei, *das* Papier. Dort war doch das reizende kleine Mädchen in Uniform gewesen, das uns so nett nachgewinkt hatte. Er aber reagierte nicht darauf, zuckte

nur die Achseln. Wir mußten alle drei Wagen bis auf den Grund ausräumen. Natürlich kam kein Papier zutage; freilich auch nichts Verbotenes. Wieder eingeräumt sahen unsere Kofferräume immerhin endlich wieder sehr ordentlich aus. Es hat doch alles auch sein Gutes.

Meine beiden ältesten Kinder waren durch ihren Beruf termingebunden.

»Fahrt ohne mich weiter!« sagte ich schließlich verzweifelt, »ich bleibe. Was soll mir schon passieren!« Im Grunde aber hatte ich auf dieser Fahrt schon echte Herdeninstinkte angenommen und fürchtete mich entsetzlich, allein zu bleiben.

»Ohne dich fahren wir nicht«, verkündete meine treue Mannschaft vielstimmig, ja *all*stimmig. Keiner schimpfte, keiner jammerte, keiner drehte durch. Ernst setzte sich ans Steuer, lehnte den Kopf an die Scheibe und entschlummerte mit friedlichem Gesichtsausdruck. Solche Nerven müßte man haben!

Auch ich stellte mich gelassen und ruhig, wobei mir mein jahrelanges Training bei allen Familienunbilden nicht wenig half. Wir standen herum, fragten von Zeit zu Zeit den Beamten, der inzwischen einen ganzen Bus ausräumen ließ, ob er wohl angerufen hätte, doch es tat sich nichts.

Völlig überraschend bekamen wir dann plötzlich die Weisung: »Abfahren!« Der Schlagbaum ging hoch, die Durchfahrt war frei. Zwei Minuten später waren wir in der Bundesrepublik.

Die gesamte Belegschaft seufzte erleichtert auf – man hörte es beinah schnaufen. Nun also, auf zur ›Alten Post‹ in Waidhaus, wo wir auf dem Hinweg gegessen und geschlafen hatten! Ernst kam als erster an und bestellte Kaffee für alle, während Rosel nach Kuchen lief.
»Ach, Sie sind's wieder? Da koch ich recht reichlich!« verhieß uns die freundliche Wirtin. Ich aber stürzte ans Telefon. Zu Hause, wie ging es zu Hause? War alles gut verlaufen, lebte die Mummi noch, war kein Kind krank, kein Pferd ausgerückt ...?
Unser Gast war am Apparat, die junge Frau, herzlich-sächsisch. »Nee, was denkste'n? Was soll'n bassiert sein? Krank geworden? Keener. Wozu d'n?«
Eine Mark kostete dieser Bescheid, der doch mit einer Rolle Gold kaum aufzuwiegen war. Strahlend kam ich damit an unseren Kaffeetisch und hörte gerade noch, wie Ernst mit erhobener Stimme seine Erzählung schloß:
»... und da hab ich den Grenzbeamten denn mit fünfzig Mark bestochen und ihm gesagt: Behalten Sie unsere Alte hier! Dann sind wir sie endlich los! Aber was macht der Idiot? Gibt sie uns wieder mit und läßt uns fahren!«
Und damit stimmte er sein letztes großes Gelächter dieser Reise an, in das alle anderen mit einfielen. Dann ließen wir die noch nahe Grenze hinter uns, und in zügiger Fahrt ging es heim.

Oft werden wir gefragt, ob es nicht doch besser gewesen wäre, *nicht* zu fahren. Ich kann das nur verneinen.
Ich möchte hier einen Vergleich bringen, wenn auch Vergleiche meistens etwas hinken: Die Reise war einer Operation ähnlich. Man hatte sich dazu entschlossen und darauf vorbereitet, ohne genau zu wissen, was einen erwartet – hatte also ja dazu gesagt. Als es soweit war, biß man die Zähne zusammen und überstand sie tapfer, ohne Tränen, ohne Lamento, mit dem üblichen Humor. Die Schmerzen aber begannen erst hinterher, und sie müssen nun eben ertragen werden.
Nein, ich möchte die Erfahrungen dieser Reise nicht missen, und die anderen sind derselben Meinung. Das alte Bild der Heimat ist dadurch nicht erloschen. Durch die graue Schicht hindurch, die diese dreißig Jahre über sie gebreitet haben, fängt sie langsam wieder an zu leuchten, wird bunt und strahlend, so wie sie einst war – vielleicht noch schöner. Denn hatten wir uns bisher immer nur gesehnt und gesehnt, sie wiederzusehen, so ist sie jetzt auf eine seltsame, viel innigere Weise unser Besitz geworden. Wir tragen sie in uns, unsere Heimat, und allen, die die ihre hinter Grenzen wissen, wird es ähnlich gehen wie uns. Heimat ist etwas Ewiges, Unverlierbares.
Wir begriffen es dankbar, wenn auch mit nassen Augen. Wiegt das nicht alle Schmerzen auf?